KB070016

왜 일류의 기업들은
인문학에 주목하는가

기 술 을 이 기 는 **인 문 학 의 힘**

왜 일류의 기업들은
인문학에
주목하는가

모기룡 지음

다산
초당

일류의 기업들은
'인문학'에 주목한다

21세기가 15년 정도 지난 현재, 미래가 막막해 보이는 시점이다. 기업들은 앞으로 무엇으로 먹고살지 고민하고 있는데, 쉽게 답이 나오지 않는다. 게다가 우리는 시대의 변화에 빠르게 대처하지 않으면 한순간에 추락할 수 있다는 것을 여러 차례 목격했다. 모토로라가 그랬고, 노키아가 그랬고, 소니와 파나소닉이 그랬다. 물론 이 기업들은 극심한 부진을 겪은 후, 다시 살아나기 위해 힘겨운 노력을 하고 있다. 한편으로 우리나라 대기업들이 그런 몰락을 겪는다는 상상을 하면 무척이나 끔찍하다.

다행히 우리나라의 많은 대기업들은 순발력을 발휘해서 변화에 어느 정도 잘 대응해왔다. 물론 대기업만 잘한다고 해서 경제가 발전하지는 않는다. 대기업과 중소기업은 서로 긴밀하게 얽혀 있어서 대기업이 무너지면 중소기업들도 타격을 입는다. 또한 이제는 대기업뿐만 아니라 중소기업들도 전 세계와 경쟁하는 체제가 되었다. 시장이 외국에 개방되고 인터넷으로 손쉽게 제품을 주문할 수 있게 되면서, 위기와 기회가 동시에 찾아왔다. 거대한 정보와 인터넷으로 무장한 소비자들의 선택을 받기 위해서는 기업들이 좀 더 소비자의 입장에 귀를 기울이고 다가가야 한다. 이제 '생산자의 입장'에서 제품을 만드는 시대는 지났다. 소비자와 사용자, 즉 사람을 최대한 이해하고 만족시켜야 한다.

현재 세계적인 기업들에서 일어나고 있는 거대한 변화는 '인문학'에 주목하고 있다는 것이다. 인문학은 '인간'을 이해하려는 학문이다. 인문학을 잘 활용해서 성공한 대표적인 케이스가 우리에게도 잘 알려진 '애플'이다. 애플의 성공과 그밖에 여러 가지 시대적 요인으로 인해 최근 우리나라 대기업들도 서서히 인문학에 주목하고 있다.

이 책에서는 애플을 비롯한 세계적인 기업들이 왜 인문학에 주목하고, 어떻게 인문학을 활용하는지를 보여줄 것이다. 사례도 충분히 제시했지만, 그보다 더 중요한 점은 인문학이 기업 활동에 왜 중요하고 어떻게 활용될 수 있는지 그 '원리'를 아는 일이다. 세계적으로 인문학이 주목받는 추세이지만, 우리는 아직 인문학의 필요성에 대한 정확한 이해가 부족하다. 이 책은 그 궁금증에 대한 해답이 될 것이다.

2015년 4월 20일 자 〈조선일보〉 기사에 60년 전통의 세계적인 햄버거 체인 맥도날드가 어려움에 처했다는 소식이 보도되었다. 기사에 따르면, 맥도날드의 1차 위기는 2000년대 중반에 발생했다고 한다. 미국을 중심으로 세계 곳곳에서 고칼로리로 인한 '비만'의 우려가 대두되었고, 이 때문에 맥도날드에 대한 거부감이 상승한 것이다. 그런데 최근에 찾아온 위기는 이제껏 발생한 위기보다도 훨씬 심각하다. 미국에서의 매출은 2015년 1분기까지 5분기 연속 하락했으며, 일본에서는 지난해 적자가 발생한 데 이어 올해에는 사상 최악의 적자를 기록할 전망이다. 또한 다른 나라들에서도 위기의 징후가 계속 나타나고 있다.

엄격하게 품질 관리를 하고 매장마다 균일한 제품을 제공하는 맥도날드가 이토록 어려움에 처하게 된 원인은 무엇일까? 그것은 놀랍게도 '인문학'과 관련이 있다. 기사에서는 맥도날드의 매출이 감소한 원인으로 미국 소비자들에게는 '저임금으로 노동자들을 착취하는 기업'이라는 인식이, 일본에서는 '싼 원료로 대량 생산하는 싸구려 음식을 판다'는 인식이 퍼진 게 원인이라고 지적했다. 즉, 제품과 서비스는 전혀 달라지지 않았다. 바뀐 것은 맥도날드에 대한 '이미지'와 사람들의 '인식'이었다.

노동자를 착취하는 기업이라는 인식은 기업의 '도덕성'에 대한 낮은 평가로 이어지고, 이는 곧 매출의 감소로 나타났다. '정크푸드Junk food'라는 인식, 대량 생산, 값싼 재료를 사용하는 방식은 제품과 기업의 '품격'을 하락시켰다. 그리고 특색 없는 디자인과 인테리어, 대량 생산으로 모두에게 동일한 제품을 공급하는 방식은 소비자 개개인의 '취향'과 '주관적 경험'을 만족시켜주지 못했다. 즉, '도덕성', '품격', '사용자경험'의 측면에서 맥도날드는 실패했던 것이다.

기존에 기업이 중요하게 여기던 제품의 질과 서비스가 아닌, 왜 이러한 요인이 매출에 크게 작용한 것일까? 그 이유는 최근 소비자들이 기존에 브랜드를 판단하던 '양적 기준'보다는 '질적 기준'을 더 중요시하기 때문이다. 그래서 낮은 도덕성과 품격, 잘못 예측된 사용자경험은 기업을 위기에 빠뜨리지만, 그러한 것들이 높은 수준으로 발전하면 반대로 기업을 먹여 살리기도 한다. 심지어 조금 불편하거나 기능이 떨어지더라도, 위의 요소들을 만족시킨 기업과 브랜드 제품을 더 선호하고 그런 제품이 더 비싼 값에 팔리는 경우도 많다.

인문학을 응용하는 사례는 전통적으로 문화콘텐츠나 서비스업이었지만, 최근에 눈에 띄는 추세는 'IT와의 결합'이다. 아직 우리나라에 널리 퍼지지는 않았지만, 스냅챗Snapchat은 요즘 미국 젊은이들이 페이스북보다 훨씬 더 많이 이용하는 소셜네트워크서비스SNS이다. 2015년 5월 말, 스냅챗은 중국의 알리바바를 비롯한 투자자들에게 5억 3,700만 달러의 투자를 받았고, 기업가치가 160억 달러(약 1,700억 원)로 평가받기도 했다. 포브스Forbes가 선정한 2015년 최연소(25세) 억만장자인 에반 스피겔Evan Spiegel은 제품디자인학과를 다니던 중 스냅챗을 만들었다. 스냅챗의 가장 큰 장점은 자신이 올린 사진이나 동영상을 상대방이 열어보면, 일정 시간 뒤에 그것이 삭제되도록 설정할 수 있다는 것이다. 기술의 발전은 인터넷이라는 편의성과 기회의 장을 열어주었지만, 사람들은 이제 인터넷에 남기는 자신의 사적 정보에 부담감을 갖기 시작했다. 사람들은 인터넷을 통해 자신을 공개하기를 바라기도 하지만, 인터넷에 사적인 정보가 계속 남아 있지 않기를 바라기도 한다. 이러한 스냅챗의 기능은 이제까지 잘 감지되지 않았던 사람들의 내밀한 욕구를 포착한 것이다. 이제는 스냅챗처럼 인간의 주관적이고 본성적인 욕구와 사용자경험을 고려해야 성공할 수 있는 시대이다.

도덕성, 품격, 그리고 사용자의 경험과 욕구는 '인문학'과 관련이 깊다. 그 이유를 직설적으로 표현하자면, 이러한 요인들을 인지하거나 능력을 증진시켜주는 학문이 '인문학' 외에는 없다. 어떤 이는 경영학을 공부한 사람, 기술과 과학을 공부한 사람도 인문학적 소양을 가질 수 있다고 말할지도 모른다. 그러나 경영학, 기술, 과학과 같은 학문은 그러한 요소와 거의 관계가 없다. 왜냐하면 이 요인들은 오직 '인문학적 가치'에 관한 것이고, 수치로 나타내는 '양적'인 것이 아니라, 정신으로 느끼는 '질적'인 것이기 때문이다.

이 책에서는 '고상함과 하이퀄리티(품격)', '도덕성', '인간 중심의 관점(사용자경험)' 그리고 '창의성', '비판적 사고'를 기업에 필요한 인문학적 소양으로 제시했다. 이 다섯 가지 능력들은 인문학을 공부하고 배움으로써 향상될 수 있다. 다만, 겉핥기로 인문학 지식을 암기해서는 곤란하다. 기업에 필요한 인문학적 소양을 갖춘 인재는 철학이나 역사 '지식'을 많이 아는 사람이라기보다는, 인문학 공부를 통해 이 다섯 가지 능력을 높은 수준으로 가지고 있는 사람을 말한다. 그러기 위해서는 단순히 지식을 암기하는 것이 아니라, 깊이 이해하고 자신의 것으로 만들어야 한다.

요즘 우리나라의 인문학 관련 전공생들은 고민이 많을 줄로 안다. 사실 인문학을 전공해서 어떤 실용적인 능력을 가질 수 있는가 하는 문제는 인문학 분야에서도 오래된 고민거리다. 누구나 취업이 잘되던 시절에는 이런 고민이 크지 않았다. 그러나 점차 젊은이들의 취업이 어려워지고 있으며, 그중에서도 현재 가장 큰 어려움을 겪고 있는 사람들은 인문학 관련 전공생들이다. 아직 우리나라는 인문학에 대한 인식이 낮고, 국가적으로 연구개발 투자는 그 어느 나라보다도 많이 하면서 전부 이공계에만 투자를 하고 있는 실정이다.

이것이 바람직한 현상일까? 과연 이제까지 그래왔던 것처럼 여전히 과학 기술의 발전에만 미래의 해답이 있을까? 나의 대답은 모두 이 책에 담겨 있다. 지금은 거대한 전환이 일어나고 있는 시기이다.

인문학 전공생들은 용기와 희망을 갖길 바란다. 그리고 인문학 전공이 아닌 사람들은 이 책을 통해 어떤 능력이 이 시대에 필요한 인문학적 소양인지를 알 수 있고, 어떤 방향으로 공부를 해야 하는지에 대해서도 도움을 얻을 수 있을 것이다.

2015년 8월
인문학과 자연과학의 참된 협력을 꿈꾸며
모기룡

프롤로그 일류의 기업들은 '인문학'에 주목한다   004

PART 1 지금 우리가
       인문학을   016
       배워야 하는 이유

   1장 인문학, 위기인가 기회인가   018

      왜 기업은 인문학적 소양을 강조하는가   019
      인문학은 부수적인 능력에 불과할까?   027

   2장 인문학이란 무엇인가   032

      인문학의 진짜 얼굴   033
      인문학으로 얻을 수 있는 실용적 능력   041
      기업이 요구하는 인문학적 소양   046

PART 2 기업 활동에 필요한   054
다섯 가지
인문학적 소양

3장 인문학적 소양 1   056
고상함과 하이퀄리티

품격과 천박함의 차이   057

인문학은 어떻게 품격을 높이는가   067

제품의 품격이 기술을 압도한다   076

품격과 감성의 시대를 열다 : 스티브 잡스와 애플   083

— 제품과 브랜드의 품격을 높이기 위한 기업 전략 제안

4장 인문학적 소양 2   094
윤리와 도덕성

인성이 능력이 되는 시대   095

인문학은 어떻게 도덕성을 높이는가   100

진정한 도덕성은 자기애로부터 출발한다   112

도덕성과 자선으로 기업의 이익을 창출하다 : 자포스와 탐스   120

— 도덕성과 사회적 평판을 높이기 위한 기업 전략 제안

5장 인문학적 소양 3   130
창의성과 콘텐츠 응용력

창의적 기업은 수요를 창조한다   **131**

인문학은 어떻게 창의성을 키우는가   **138**

창조는 곧 콘텐츠의 편집이다   **148**

인문학 콘텐츠로 제품에 스토리를 불어넣다 : 레고와 블리자드 **153**

— 창의성과 콘텐츠 응용력을 높이기 위한 기업 전략 제안

6장 인문학적 소양 4   170
인간 중심의 관점과 타인에 대한 이해

인문학은 사람과 가치를 연구한다   **171**

인문학은 어떻게 관점과 욕구를 분석하는가   **176**

IT기업의 인문학도들   **187**

소비자가 얻는 주관적 가치를 포착하다 : 사용자경험(UX)   **197**

— 사용자경험(UX) 중심의 제품을 만들기 위한 기업 전략 제안

7장 인문학적 소양 5   212
비판적 사고와 표현력

비판적 사고는 위험을 방지한다   **213**

인문학은 어떻게 비판적 사고를 키우는가   **221**

좋은 글을 쓰기 위한 논리적 사고 기술   **232**

비판적 사고로 본질을 파헤치다 : 워런 버핏의 투자 전략   **243**

— 비판적 사고를 통해 위험을 방지하기 위한 기업 전략 제안

PART3 세상과 미래를
보는 눈, 인문학   252

　　/ **8장 인문학이 미래의 부를 창조한다**   254

　　　　기술의 한계를 뛰어넘는 인문학의 힘   **255**

　　　　인간을 위한 가치를 생산하라   **269**

　　/ **9장 인문학, 제대로 공부하기**   280

　　　　'왜?'라는 호기심에서부터 시작하라   **281**

　　　　책 읽기의 최고 경지는 해석이다   **288**

에필로그 한국 경제의 위기, 돌파구가 필요하다   **296**

참고문헌   **304**

PART
1

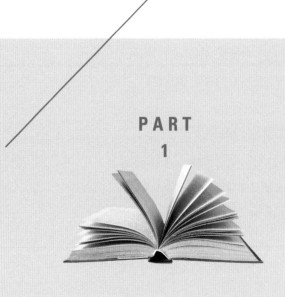

지금 우리가
인문학을
배워야 하는 이유

1장

인문학,
위기인가 기회인가

| 왜 기업은 인문학적 소양을 강조하는가 |

최근 들어 '인문학'에 대한 대중의 관심이 무척 높아졌다. 텔레비전에서는 노자, 장자, 공자, 소크라테스, 플라톤, 칸트와 같은 동서양 철학자들의 사상과 함께 역사, 심리학, 미술사 등 어렵고 고상한 인문학을 쉽게 풀어주는 강연이 인기를 얻고 있다. 인터넷에서도 철학과 역사를 가르치는 인문학 강의가 넘쳐난다. 인문학을 접하는 가장 주된 통로는 전통적으로 서적이다. 그래서인지 인문학을 처음 접하지만 제대로 알고 싶어 하는 사람들을 위한 입문서가 계속 출간되고, 서점의 인문학 코너에는 과거에 비해 훨씬 더 많은 사람들로 붐비고 있다. 왜 이런 현상이 나타날까? 요즘 사람들이 유독 내면의 성찰과 교양을 쌓고 싶어 하기 때문일까?

사실 가장 큰 원인은 '산업계의 동향'과 관련이 있다. 특히 애플의 아이폰iPhone이 엄청난 성공을 거두고, 스티브 잡스Steve Jobs가 '인문학을 기술과 융합했다'는 사실이 알려지면서 전 세계 기업들이 점차 인문학에 관심을 기울이기 시작했다. 가장 먼저 발생한 변화는 경영진들 스스로가 인문학적 소양을 쌓기 시작했다는 것이다. 그래서 기업 경영자들을 위한 강의도 빈번해졌다. 그리고 얼마 지나지 않아, 국내 취업 현장에서도 기업들은 구직자 및 직원들에게 '인문학적 소양'을 요구하기 시작했다. 최근 삼성과 현대기아자동차, SK 등의 대기업은 입사시험에 '역사', '철학' 등의 인문학 문제를 포함시켰고, 2014년

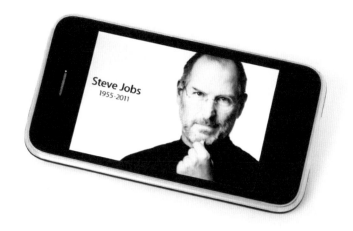

아이폰 속 스티브 잡스. 그는 놀라운 혁명을 일으킨 창조적 기업가이자, 기술과 인문학을 결합시킨 디지털 철학자로서 현대인들에게 추앙받고 있다.

하반기 국민은행 채용 자기소개서에는 '최근에 기업들이 인문학적 소양을 강조하는 이유를 쓰라'는 항목이 등장하기도 했다. 마치 인문학적 소양이 취업을 위한 새로운 '스펙'처럼 여겨지고 있다.

여기서 우리는 한 가지 의문점을 제시할 수 있다. 인문학이 사회적으로 주목을 받고 인문학적 소양을 갖춘 인재가 취업에 유리하다면, 철학, 역사학, 국문학 등의 인문학 전공자들이 혜택을 봐야 하지 않을까? 아이러니하게도 현실은 정반대다. 최근 인문학 전공자들의 취업률은 과거보다도 더 떨어졌다. 취업포털 '커리어'가 선정한 2014년 취업뉴스 10대 키워드 중 하나는 '전화기 vs 문사철'이다. '전화기'란 공대에서 취업이 가장 잘된다는 전기·전자, 화학, 기계를 뜻하고, '문사철'은 문학, 역사, 철학으로 대표되는 인문학을 의미한다. 이공계가 각광을 받는 반면, 인문학 전공자는 상대적으로 취업하기 힘들다는 현실을 보여준다. 더불어 '인구론'이라는 신조어가 생겨났는데, 이는 '인문학 전공자의 90퍼센트가 논다'라는 뜻이다.

그런데 재미있는 건, 이와 함께 선정된 키워드에는 '역사와 철학'이 있었다는 사실이다. 요즘 기업들이 인문학적 소양을 채용의 요건으로 본다는 의미이다. 그러나 이 역시 인문학 전공자들과는 완전히 무관한 이야기다. 이 키워드에 붙은 부가설명은 "기업은 인문학적 소양을 갖춘 엔지니어를 원한다."였다. 즉, 기업이 원하는 인재는 인문학 전공자가 아니라, '인문학적 소양을 갖춘 엔지니어'다. 요즘 일어나고 있는 인문학 열풍은 이공계 같은 비인문학 전공자들이 시류로 인해 인문학적 소양을 '부가적'으로 갖추고자 하는 경향이라고 해석할 수 있다. 실제로 2014년 대기업들은 이공계 학생들 위주로 신입사원을 뽑았다. 2014년 4대 그룹의 신입사원 채용 결과를 보면, 이공계의 비율이 삼성은 80퍼센트, LG그룹(주요 3사, 전자·화학·디스플레이)은 85퍼센트, SK그룹은 70퍼센트에 달했다. 취업공고에서부터 아예 인문계를 뽑지 않는다고 정한 경우도 늘었다. 그러다 보니 졸업생들의 취업률에 신경을 쓰는 몇몇 대학은 인문학과를 통폐합해버리는 일까지 생겼다. 이것이 자본주의 사회에서 인문학의 숙명일까? 인문학은 본래 실용성이 없고, 돈을 버는 일과는 전혀 무관한 지식일까?

만약 인문학이 돈을 버는, 즉 '실용성'이 전혀 없는 학문이라면 최근에 기업들이 인문학에 주목하는 이유는 무엇일까? 왜 미국의 IT기업들은 인문학 전공자를 많이 채용하고 있을까? 인문학이 실용성이 없다거나 기업의 영리활동에 도움이 되지 않는다는 생각에는 분명 어떠한 오류가 있고, 우리는 그 실용성을 이해하지 못하고 있다. 아래는 기업 경영자와 채용 전문가가 말하는 '인문학이 기업 활동에 꼭 필요한 이유'이다.

비즈니스 전문가들이 밝힌 '인문학이 중요한 이유'

- 창의력
- 상상력
- 도덕성
- 종합적 판단 능력
- 문화에 대한 이해
- 소통 능력
- 융합적 사고

이 소양들은 모두 인문학과 관련이 있고, 기업 활동에 긍정적인 영향을 준다. 하지만 상당히 추상적인 이야기이고, 어떻게 이익을 내는 데 써먹을 수 있는지 명확하게 알기 어렵다.

요즘 산업 현장에서 인문학이 중요하게 여겨지는 진짜 이유는 무엇일까? 먼저 경영자의 입장에서 인문학적 소양은 좋은 의사 결정을 하는 데 도움을 준다. 기업의 중요한 의사 결정은 '종합적 판단'이 매우 중요하다. 그러기 위해서는 사안을 넓게 봐야 하고, 과거를 알아야 하며, 그것으로 인해 발생할 미래 상황을 예측할 수 있어야 한다. 즉, 사람들의 심리, 사회와 역사적 배경, 문화에 대한 깊은 이해가 바탕이 되어야 유리하다. 사람들이 앞으로 어떤 제품을 원할 것인가, 현재 사람들의 취향은 어떠한가, 어떻게 홍보하는 것이 좋을까, 따라서 어디에 투자해야 바람직할까를 결정하는 데에 문학과 역사, 철학, 미학적 지식이 도움을 줄 수 있다.

뿐만 아니라 인문학적 소양은 경영자들의 '도덕성'을 높이는 데에도 도움이 된다. 실제로 모 항공사 경영자의 부도덕한 행동이 사회적 이슈가 된 적이 있고, 그것이 기업의 이미지와 매출에 많은 영향을 미치기도 했다. 이는 비단 경영자뿐만 아니라 일반 사원들에게도 적용된다. 구성원 한 명이 부도덕한 일을 했을 때 기업 활동에 커다란 악영향을 미치는 경우도 많이 발생하고 있다. 그래서 기업들은 윤리와 도덕에 대한 교육을 강화하고, 애초에 도덕적인 인성을 가진 사람을 뽑기를 원한다. 도덕성은 단지 부도덕한 행위를 방지하는 것뿐만 아니라, 기업의 성장 전략을 위해서 좀 더 적극적으로 활용할 수 있다. 사람들에게는 일종의 '정의감'이 있어서, 도덕적인 기업의 제품을 더 많이 사주기 때문이다.

더불어 최근에 많은 비즈니스맨들에게 '융합적인 지식' 또는 '융합적인 사고'가 요구되고 있다. 현재 인문학적 소양이 중요하게 여겨지고 있다고 해서 인문학 전공자가 우대받는 것이 아니라, '인문학적 소양을 지닌 엔지니어'가 우대받고 있다는 사실이 이를 증명한다.

모든 기업의 최종 목표는 제품(혹은 서비스)을 소비자에게 많이 파는 것인데, 소비자는 제품을 구매할 때 심미적 요인, 과거의 경험, 기업의 이미지 등 다양한 요인에 의해 결정을 내린다. 즉, 기업의 개발자가 단순히 기술적 지식만 알고 소비에 영향을 주는 다른 요인들을 전혀 모른 채 제품을 만든다면, 제품 기획과 개발 단계에서부터 잘못된 단추를 끼울 수 있다. 이제는 기술과 생산자의 관점에서 제품을 만들기보다, 소비자에게 많이 팔릴 제품을 만드는 방향으로 생산의 관점이 바뀌고 있다.

융합적인 소양이 필요한 이유는 또 있다. 시대적 변화에 따라 일의 체계가 상당 부분 바뀌었기 때문이다. 20세기에 기업의 생산성을 획기적으로 높이는 방식은 '분업'과 '전문화'였다. 분업으로 인한 효율성의 극적 증가는 경제학의 이론으로도 설명되고, 실제 생산 현장에서도 증명되었다. 헨리 포드Henry Ford가 포드 자동차의 생산 방식을 철저한 분업으로 바꾸어 엄청난 성공을 거둔 일화가 대표적이다. 그러면 여전히 각각의 분야를 잘 아는 전문가들이 각자의 분야에서 분업하는 방식이 가장 효율적이지 않을까? 제품을 기획하거나 사무실에서 일을 할 때에도 각자 자신이 잘 아는 분야만 담당하고 나중에 결합시키는 방식이 더 나을 것이라 생각할 수 있다.

그러나 우리가 머리로 일을 하는 것은 공장에서 일하는 시스템과

과거 산업사회에는 분업이 가장 효율적인 생산 방식이었지만, 현대 산업사회에는 개개인의 창의성과 문제해결 능력이 생산력을 높이는 주된 방식이다.

는 완전히 다르다. 공장에서 제품을 만들 때에는 설계 당시에 하나로 구축한 플랫폼에 따라 각각의 부품을 분업해 만들지만, 우리가 머리로 협동해서 일을 할 때에는 공장의 생산 라인처럼 명확하게 분업이 이루어지기가 어렵다. 분업이 효율적인 이유는 '단순 반복 작업'의 속도가 빨라지기 때문이고, 과거에는 그런 일을 모두 인간이 해야 했지만 이제는 대부분 기계로 대체되었다.

　이제 인간이 주로 하는 일은 기존에 없던 것을 창조하거나, 당면한 어떤 문제에 대해 해결해나가는 일이다. 특히 요즘에는 과거에 비해 새롭게 발생하는 문제의 종류가 다양해졌다. 과거에는 많은 문제들이 이전에 해왔던 방식을 그대로 따라 하면 해결되는 경우가 많았지만, 최근에는 시장 상황에 대한 변수가 많아지면서 예측 불가능한 상황들이 자주 발생하고 있다. 유행이 갑작스레 바뀐다거나, 갑자기 새로운 경쟁자가 등장하는 것이 그 예이다.

융합적인 소양의 또 다른 장점은 새로운 제품과 전략을 만들어내는 '창의력' 발달에 도움이 된다는 것이다. 창의력은 '다양하고 폭넓은 지식'의 기반을 갖추었을 때 생겨난다. 특히 인문학과 관련된 콘텐츠를 많이 알거나 비판적 사고력을 키우면, 창의적 사고에 큰 도움이 된다.

최근 기업들 사이에서 인문학적 소양을 강조하는 이유로는 기존에 하던 방식만으로는 다른 기업들과의 '차별화'가 어렵다는 상황도 있다. 기업들 간의 경쟁이 심화되면서, 조그만 차이가 커다란 결과를 낳고 있다. 이런 상황에서 기업들은 기술적 자산 외에 다른 부분에서 차별점을 만들고 싶어 한다. 그래서 애플의 스티브 잡스처럼 '인문학'이라는 새로운 돌파구에 주목하고 있는 것이다.

그런데 아직 기업들은 인문학과 인문학적 소양이 필요하기는 하지만 그것이 얼마나 중요한지, 어떻게 활용할 수 있는지에 대해서는 확신이 없는 듯하다. 인문학을 부가하면 좋을 것 같긴 하지만, 써먹는 방법을 전혀 모른다는 말이다. 그래서 여전히 국내의 많은 기업에서는 인문학을 '계륵鷄肋' 즉, 그다지 쓸모는 없지만 버리기는 아까운 영역이라고 여기고 있다.

| 인문학은 부수적인 능력에 불과할까? |

앞에서 언급한 이유들로 인해 현재 인문학적 소양이 기업에서 강조되고 있기는 하지만, 여전히 전공 인문학은 홀대받고 있다. 인문학적 소양을 갖춘 융합적인 인재가 선호되지만, 융합적인 인재란 대체로 인문학적 소양을 갖춘 엔지니어를 의미하기 때문이다. 그리고 이러한 채용 양상의 변화는 인문계와 이공계 구직자 모두에게 부담만 가중시켰다. 인문학적 소양을 평가한다는 이유로 역사 지식을 묻기도 하고, 고대의 철학자에 대해 논하라는 서술 시험까지 생겼으니 말이다.

어쨌든 인문학에 대한 필요성은 증대되었지만, 아직도 우리 사회는 인문학을 '부수적인 소양' 정도로 여기고 있다. 아마도 많은 사람이 생각하는 것처럼 이공계 지식은 배우기 어렵고, 인문학은 상대적으로 배우기 쉽다고 느껴서일 것이다. 그래서 조금만 공부하면 금방 인문학적 소양이 높아진다고 생각하기도 한다. 물론 진입장벽을 봤을 때, 인문학이 다른 전공에 비해 낮은 것은 사실이다. 인문학은 골치 아픈 수학을 안 해도 되고, 전문 용어도 다른 과목들에 비해 적기 때문이다. 그런데 바로 여기에서 오해가 생긴다. 진입장벽이 낮다고 해서, '높은 수준'으로 올라가기도 쉬울까? 다른 학문들도 높은 수준으로 올라가기까지의 과정이 험난한 것처럼, 인문학 역시 단기간에 습득하거나 수준을 끌어올리기가 무척 어렵다. 얼마 전 교육부 장관은 "대학생들이 기업에서 필요한 기술을 중점적으로 배우고, 인문학은 남는 시간에 보충하면 된다."라는 말을 한 적이 있다. 이는 인문학의 독자적 가치를 모르기 때문에 한 말로 해석할 수밖에 없다.

역사적 지식이나 철학 사상의 축약 같은 '인문학 지식'도 물론 인문학적 소양이다. 이는 암기로 습득할 수 있다. 그런데 사실 진정한 인문학적 소양이란 '능력'이지 지식을 의미하지는 않는다.

기업 활동에 필요한 인문학적 소양은 인문학과 관련된 정보를 활용하고 창조하는 능력이다. 그리고 그 사람의 행동에 배어 있는 도덕적 능력이다. 물론 지식을 많이 알고 있으면 도움이 되지만, 지식만 많이 아는 것과 능력을 가지는 것은 완전히 별개이다.

그런데 인문학을 공부함으로써 가지게 되는 '능력'이란 무엇일까? 사실 '능력'이라는 말은 무척 추상적인 개념이다. 게다가 우리는 공학을 전공한 사람의 능력은 구체적으로 떠올릴 수 있는 반면, 인문학을 전공한 사람들은 어떤 능력을 가지고 있는지 잘 모른다. 이는 인문학이 키워주는 능력이 없어서가 아니라, 그 능력이 이제까지 실용적으로 쓰이는 것을 못 보았기 때문이다. 그래서 Part2에서는 '인문학적 소양이 기업 활동에 어떻게 쓰이는지'를 구체적인 사례와 함께 설명했다.

인문학이 단순한 '교양'이라는 인식 역시 인문학을 부수적인 소양으로 만드는 이유 중 하나이다. 물론 전통적으로 인문학의 궁극적 목표는 '교양의 증진'이다. 다만, '교양'에 대한 우리의 잘못된 선입견이 문제이다.

흔히 '교양'은 '손쉽게 배울 수 있는 부차적인 것'이라 잘못 인식을 하는 경향이 강하다. 이는 대학에서 다양한 전공의 학생들이 배우는 '교양 과목'이나, 일반인을 위한 문화센터의 '교양 과정'이라는 명칭 때문이다. 만일 인문학이 그런 교양의 개념이라면, 인문학은 부수적으로 배워도 충분하다. 하지만 인문학이 추구하는 교양의 개념은 이와 다르다. 다시 말해, 교양이란 '쉽게 배울 수 있는 것'이 아니다.

'교양'의 진짜 의미는 무엇일까? 흔히 "교양 있다."라는 말은 높은 수준의 품격과 지적 능력을 가진 상태를 의미한다. 그러한 높은 수준의 교양은 하루아침에 쉽게 쌓을 수 있는 게 아니다. 대학교의 교양 과목들은 '교양'을 높이는 데 일부분 기여를 할 뿐이다. 반면, 인문학 공부는 좀 더 본격적으로 한 사람의 교양을 높이는 데에 목적이 있다. '교양을 증진시키는 과정'은 영어로 'Liberal Arts'라 하고, '인문학', '문과'로 해석된다. 참고로 미국에는 '리버럴 아트 칼리지Liberal Arts College'가 따로 있으며, 현재 백인 엘리트 사회에서는 아이비리그 대신 리버럴 아트 칼리지를 선호하는 트렌드가 형성되고 있다. 인문학이나 사회과학 등 복수의 기초 학문을 심도 있게 공부한 사람이 종합적 판단 능력과 창의적 발상에서 더 우월할 것이라는 기대 때문이다.

미국 동북부 매사추세츠주에 위치한 4년제 사립학부 중심의 리버럴 아트 칼리지 윌리엄스 대학교 (Williams College). 미국 내 최상위권 대학으로 손꼽힌다.

인문학이 기업 활동에 좋은 영향을 미친다는 사실이 인정받는다면, 인문학 전공자들의 취업이 조금은 수월해질 것이다. 그러나 대다수의 기업, 심지어는 인문학 전공자들까지도 인문학이 산업 현장에서 어떻게 쓰이는지를 잘 모르기 때문에 인문학 전공자들의 취업은 여전히 어렵다. 그리고 이런 상황은 악순환을 낳는다. 인문학을 공부해 가질 수 있는 능력적인 목표나 기대치가 없으면, 인문학 공부에 소홀해질 수밖에 없다. 결과적으로 인문학을 전공해봤자 별다를 게 없다는 인식이 생겨나고, 인문학이 점점 사회에서도 외면을 받게 될 것이다.

시장에서의 어떤 차별화를 위해 인문학이 필요할 것 같기는 한데, 기업에서는 그 방법을 잘 모르니 입사하는 사원들 전부에게 인문학 속성 강의를 듣게 한다. 그러면 저절로 사원들의 인문학적 소양이 길러지고, 기업에 도움이 될까? 약간은 도움이 되겠지만, 큰 영향을 끼칠 것 같지는 않다. 삼성 이건희 회장의 말처럼, 사실 기업의 성공을 좌우하는 것은 뛰어난 소수의 사람들이 가진 능력이기 때문이다. 이 말을 바꾸어 생각해보면 많은 사람들이 낮은 수준의 능력을 두루 가지는 것보다, 한두 사람의 높은 능력이 기업 활동에 더 도움이 된다는 뜻이다.

어떤 분야든 높은 수준의 경지에 오르기 위해서는 많은 공부와 노력이 필요하다. 그로 인해 얻은 지식과 지혜는 뛰어난 실력이 된다. 그런데 인문학은 범위가 너무 넓고, 어떤 특별한 '기술'을 배우는 것처럼 보이지 않기 때문에, 어떻게 공부하고 활용해야 하는지 모호하다. 그 대답은 이 책 전체에 걸쳐 있다. 먼저, 인문학이란 무엇인지부터 살펴보자.

2장

인문학이란
무엇인가

| 인문학의 진짜 얼굴 |

인문학의 한자어에는 사람 인(人)이 처음에 들어간다. 그리고 인문학은 영어로 'Humanities'라고 쓴다. 이처럼 인문학은 '사람(인간)'이 핵심이 되는 학문이다. 그래서 많은 사람들은 인문학을 '인간에 대한 학문'이라고 정의한다. 하지만 이 말로는 인문학이 어떤 것인지 정확하게 파악하기 힘들다. 인간에 대한 학문이 어디 한둘인가. 과학적 사고를 가진 사람들에게 '인간'에 대해 떠올려보라고 하면 대개 세포들로 이루어진 물질 덩어리, 유전자와 고등한 뇌를 가진 생명체라고 이야기할 것이다. 그러한 생물학적 사실 역시 인간에 대한 관점이기 때문에 생물학이나 의학도 인간에 관한 학문일 수 있다. 하지만 분명한 건 인문학이 탐구하는 '인간'은 그러한 물질적인 개념과는 완전히 다르다는 사실이다.

인문학이라는 개념은 역사적으로 어떻게 발전해왔을까? 고대 그리스와 로마 시대에는 지금과 같이 학문이 세부적으로 구분되어 있지 않았다. 인문학이라는 개념의 가장 오래된 기원은 고대 그리스의 '파이데이아Paideia'이다. '교육', '학습'이라는 뜻으로, 건전하고 교양 있는 시민을 양성하기 위한 체육·문법·음악·철학·자연철학 등이 합쳐진 개념이다. 현재 인문학Humanities의 어원인 라틴어 '후마니타스Humanitas'는 기원전 55년에 키케로Cicero가 자신의 책 『웅변가에 관하여 Oratore』에서 처음 사용한 말로, 그 의미는 '인간의 본성'이다.

마르쿠스 툴리우스 키케로(Marcus Tullius Cicero). 인문학의 원류는 그리스의 '파이데이아(교육)'이다. 키케로는 이를 '후마니타스'로 번역했고, 인간됨을 탐구하고 고양시키는 학문으로 자리 잡게 했다.

로마와 그리스 시대에 교양 시민을 양성하기 위한 일반 교육을 의미하던 인문학은 신神 중심 사회였던 중세를 극복한 유럽 르네상스 시기에 빛을 발했다. 신과 대비되는 '인간'에 대한 관심으로 학문의 방향이 바뀐 것이다. 그때부터 진정한 인문학이 되살아나기 시작했다. 인문학은 신 또는 미신으로부터 독립된 인간을 가정하고, 그것을 목적으로 하며, 인간 그 자체에 대한 탐구였다. 그러나 아직 거기에는 자연철학, 즉 자연과학도 포함되어 있었고, 19세기 이후 근대에 들어서 대학의 학제에서 인문학과 자연과학을 분류하기 시작했다.

인문학의 진짜 특성은 자연과학과의 차이점을 생각해보면 명확하게 알 수 있다. 인문학의 대표적인 학문들로는 문학, 역사, 철학이 있다. 이 학문들의 공통적 요소를 살펴보면, '인간의 언어', '인간의 역사', '인간의 윤리·상상력·합리적 사고', 그리고 더 나아가 '인간의 감정'이 핵심이다. 이것이 바로 자연과학과 인문학의 차이점이다. 쉽게 말해 '인간만이 가지는 것(인간의 고유성)'에 대한 탐구와 교육이 바로 인문학의 본질이다.

먼저 '언어'를 생각해보자. 인간 외의 다른 동물이 언어를 가지고 있는가? 동물이 짖어대는 소리는 어떠한 신호를 전달할 수 있지만, 일반적으로 우리는 그것을 '언어'라 부르지 않는다. 학문적 관점으로 보았을 때 언어라 함은 단어와 문법의 조합과 배열을 통해 무한정한 의미를 만들어낼 수 있는 체계를 뜻한다. 즉, 인간만이 언어를 가지고 있다는 것이 학계의 정설이다.

역사는 어떠한가. 원숭이 무리 안에서의 권력 다툼과 세대의 계승이 역사라고 볼 수 있는가? 역사는 기록을 근거로 한 인간만의 것이다. 윤리 역시 마찬가지다. 다른 동물들이 윤리적 의식을 갖고 있을까? 동족끼리 서로 돕는 행동을 할 수는 있지만, 이는 순전히 본능일 뿐이며 윤리와 도덕이라고 말하기는 어렵다.

합리적 사고와 상상력도 인간만의 독특한 능력이다. 다른 동물들의 사고 능력은 인간과 현저한 차이가 있다. 가상의 이야기를 만들고, 미래를 계획하고, 진실과 거짓을 따져보는 일은 인간만이 할 수 있다. '정신'은 인간의 대표적인 고유한 특성이다. 골똘히 생각하거나 본능을 억제하는 일은 인간의 영역이며, 그래서 인문학을 '정신과학', '정신의 학문'이라 부르기도 한다.

이렇듯 인문학은 인간만이 가지는 능력을 탐구한다. 자연과학의 관점에서는 인간이 자연의 보편적 요소들을 '조합'한 것이라 생각한다. 그래서 인간을 보편적인 재료들, 즉 단백질, 세포, 분자, 원자, 전자로 환원시킨다. 반면 인문학은 인간만이 가지고 있는, '다른 무언가로 환원시킬 수 없는 것들'을 다룬다. 그래서 대체로 자연과학은 인간과 인간이 아닌 것들 간에 공통점을 찾으려는 반면, 인문학은 차별점을 찾으려는 경향이 있다.

고대 그리스 시대에 교육으로 불리었던 것이 인문학의 조상이 되는 이유는 인간이 짐승과 다른 '수준 높은 사람'이 되기 위해서 '교육'이 가장 중요했기 때문이다. 인간이 가지는 고차원적 능력은 대개 후천적으로 발달한다. 선천적으로 그것을 받아들일 능력을 가지고 태어나기는 하지만, 후천적인 학습과 자극, 교육이 없으면 인간은 심지어 언어도 구사할 수 없고, 윤리와 도덕도 모를 것이며 사고력도 낮을 것이다. 즉, 교육이 없으면 인간은 짐승과 유사한 '미개한' 상태가 된다.

반면 교육(인문학 교육)을 많이 받을수록, 인간 고유의 고차원적 능력은 점점 더 향상된다. 높은 수준의 언어를 구사하고, 높은 수준의 윤리와 도덕성을 가지며, 복잡하고 고등한 사고를 할 수 있게 된다. 즉, 인문학 교육은 인간을 '높은 수준'으로 계발시켜준다.

다만, 여기서 한 가지 오해하지 말아야 할 점이 있다. '인간만의 것'에 대한 맹목적 추구는 부작용을 낳을 수도 있다는 점이다. 자칫 '이성'과 '도덕'을 너무 중요시한 나머지 '감성'과 '본능'을 터부시할 수도 있는데, 그러한 극단적 사상이 많은 부작용을 낳았다는 사실은 역사적으로도 확인할 수 있다.

이에 대한 대표적인 예로 조선시대 성리학이 있다. 성리학은 세상

성리학의 창시자 주희. 주희(주자)는 도교와 불교 등의 영향을 받아 윤리학과 정치철학 위주였던 고대 유학을 우주론적·형이상학적 설명으로 발전시켰다. 이는 조선시대에 성리학에 의한 통치가 '자연의 섭리'라고 인식시키는 데에 큰 역할을 했다.

을 이분법적으로 바라보는 시각이 강했다. 조선시대에는 이성과 성리학적 윤리가 절대적인 선善이고, 감성과 본능은 완전한 악惡으로 여겨지면서 오히려 시대는 비이성적으로 흘러갔다. 이는 유럽 중세시대에 봉건 제도와 교회의 속박으로 학문과 예술이 쇠퇴하고, 인간의 욕구가 억압되었던 '암흑기'와 비견할 만하다. 그런데 참고로 조선시대의 폐단은 성리학 자체의 문제라기보다는 이를 '통제의 수단'으로 해석해서 사용한 당대 지배층의 문제점이 더 컸다.

사실 인간의 감성과 본능은 짐승과 동일하지 않다. 앞으로도 계속 설명하겠지만 인문학의 본질은 감성과 본능을 배제하지 않으며, 감성과 본능은 윤리의식을 갖게 하고 창의성을 계발하는 데에 큰 도움이 된다. 유학의 창시자인 공자孔子와 맹자孟子는 '덕德'을 강조하는 윤리학을 설파했는데, 이는 이성뿐만 아니라 감성을 중시하는 사상이다. 특히 맹자는 "인간은 본래 선하다."라고 이야기했는데, 인간의 본능과 감성을 매우 긍정하는 견해이다. 아리스토텔레스의 윤리학도 마찬가지다. 더불어 공자, 맹자와 거의 동시대에 등장한 노자老子와 장자莊子의 도교사상 역시도 본능과 감성을 중요시했다.

인문학은 현대적인 학제 구분에서 하나의 학문이라 규정하기가 어렵고, 다른 모든 학문도 어느 정도 인문학을 포함하고 있다. 이를테면 '과학사'는 역사, 과학자들의 일화와 관련이 깊고, '과학철학'은 과학의 개념과 방법론을 다루는 매우 철학적인 학문이다. '과학윤리', '의학

윤리' 역시 인문학과 다른 학문의 긴밀한 결합에 의한 산물이다. 자연과학 중에서도 생물학은 특히나 인문학과의 관련성이 큰데, 생물학이 거시적인 현상을 관찰하고 인간의 행동을 연구하기 때문이다. 심지어 '유전자'라는 개념조차도 어떤 물질 자체를 가리키는 것이 아니라, 추상적인 개념으로 인식된다. 세계적인 생물학자 리차드 도킨스Richard Dawkins가 물질적인 유전자뿐만 아니라, 정신적 단위의 유전자인 '밈meme'을 주장하고 있는 것이 그 예이다.

자연과학은 말할 것도 없고, 경영학과 마케팅, 인사관리, 리더십과 관련한 학문도 인문학과 상당한 관련이 있다. 그중에서도 경제학은 실용적인 기술을 배우기보다는 '진리 탐구'를 추구하기 때문에 인문학과 연관성이 깊다. 뒤에서도 다루겠지만, 경제학에서 가장 위대한 성과물로 여겨지는 애덤 스미스Adam Smith의 『국부론The Wealth of Nations, 國富論』은 철학 서적에 가깝고, 그 역시 본래가 철학자이다.

이렇듯 모든 학문은 단지 비율의 차이만 있을 뿐, 인문학을 어느 정도 함유하고 있다. 다만, '전형적인 인문학'은 '문文', '사史', '철哲'인데, 그중에서 가장 인문학과 관련이 큰 학문은 '철학'이다. 철학을 가장 대표적인 학문으로 꼽는 이유는 철학이 다루는 분야가 가장 넓고, 다른 모든 학문에 개입시킬 수 있다는 점 때문이다. 예를 들어 '과학철학', '음악철학', '체육철학'처럼 다른 학문에 철학을 붙이면, 그 분야에 대해 '재검토'하는 학문이 된다. 철학은 원래 고대부터 다양한 학

애덤 스미스. 스코틀랜드 글래스고 대학교의 철학 교수였다. 자신의 이익을 추구하는 인간의 본성이 자본주의 사회에서 국가의 발전에 도움이 된다고 설파했다.

문을 포괄하는 넓은 의미로 불렸는데, 개별적 학문이 발전하면서 세부적인 분야로 독립되었다.

　무엇보다도 철학의 목표 자체는 인문학의 목표와 거의 일치한다. '철학Philosophy'이라는 용어는 고대 그리스의 철학자 소크라테스에 의해 시작되었고, 그 어원은 '지혜Philos'와 '사랑Sophia'이다. 인간의 영혼을 잘 가꾸는 일은 지혜를 향한 사랑이고, 이는 특정한 기술이나 지식의 경지를 넘어 지혜롭고 덕스러운 사람을 만드는 것이다. 지혜로운 사람은 자신과 타인 모두의 행복을 추구하고, 윤리적으로도 바람직하며, 모든 일에 있어 올바르고 합리적인 판단을 내린다. 그것이 철학의 목적이고, 궁극적으로는 인문학의 목적이다.

| 인문학으로 얻을 수 있는 실용적 능력 |

우리는 흔히 어떤 것의 실용성에 대해 논할 때 "그것을 어디에 써먹을 수 있을까?"라는 질문을 한다. 그리고 많은 사람들은 인문학적 소양을 '어디에 써먹는지' 알지 못하기 때문에 인문학이 실용성 없는 학문이라 생각한다.

그런데 왜 '어디에 써먹는가'라는 질문을 던지는 것일까? 사실 이 책이 답하고자 하는 실용성에 대한 질문은 '어디에 쓰이는지'가 아니라, '왜 쓰이는지', '어떻게 쓰이는지'이다. 어디에 쓴다는 말은 '목적'을 물어보는 질문이고, 그러한 생각은 학문이 곧 '도구'임을 함의한다. 인문학이 아닌 다른 학문에서 배우는 지식은 그것이 어떤 도구인지를 잘 파악할 수 있다. 경영학을 전공하면 경영 지식과 능력이 도구가 되고, 의학을 전공하면 의학에 관한 지식과 능력이 도구가 된다. 그렇게 다른 전공이나 학문은 '도구'를 가지는 것을 목표로 한다.

반면, 인문학은 이와 다르다. 인문학은 '사람 자체를 위한 학문'이다. 즉, 배우는 사람 그 자체를 변화시키고 향상시킨다. 철학자 칸트 Immanuel Kant가 말한 중요한 윤리적 규범은 사람을 결코 '도구'로 대하지 말고 '목적'으로 대하라는 것이다. 그처럼 인간은 본질적으로 목적에 맞게 만들어지는 도구가 아니다. 인문학은 인간을 목적에 맞는 도구로 만들기보다는 좀 더 좋은 상태, 훌륭한 인격으로 만든다.

그런데 순수한 인문학이 도구를 만드는 학문이 아니라고 해서 실용성이 없는 학문이라고 생각하면 오산이다. 몇몇 인문학의 내용들이 실용적 자세를 거부하는 것처럼 보여도, 사실 인문학은 실용적이지 말아야 한다고 가르치지 않는다. 그리고 성숙한 인간, 현명한 인간은 그 자체로 도구가 되지는 않지만, 거기에서 나온 좋은 효과는 분명 기업을 위해 쓰일 수 있다. 그것은 어쩌면 예상치 못하게 파생된 효과일 수 있으나, 현대에 와서 그 효과가 두드러지기 시작했다.

인문학의 훈련을 통해 증진된 어떤 '능력'은 기업에 필요한 실용성을 지닌다. 그런데 인문학이 어떻게 실용성을 가질 수 있을까? 이것은 종종 인문학 내부에서도 논란이 되는 문제이다. 몇몇 인문학자들조차 인문학이 본질적으로 실용성과 거리가 멀다고 여기기 때문이다.

인문학을 공부한다고 할 때, 그 과정은 '순수학문'을 하는 것으로 보인다. 철학의 고전을 읽고, 문학을 읽고, 역사를 공부하는 과정은 사회에서 곧장 써먹을 수 있는 기술을 배우는 것이 아니라, '올바름'과 '지혜'를 얻기 위한 고상하고 순수한 목적을 추구하는 공부로 보인다. 그래서 인문학은 일반적으로 순수학문이라고 불린다. 순수학문은 실용적일수도 있지만, 근본적으로 실용성과 별개의 목적을 가진다. 순수학문은 '진리 탐구'와 '호기심의 해결'을 목적으로 한다. 자연과학도 순수학문이지만, 실용성의 측면에서는 인문학이 좀 더 비실용적인 것처럼 보인다. 과학은 기술로 곧장 연결되기 때문이다.

그렇다면 순수한 인문학은 어떻게 실용성을 가질 수 있을까? '순수'라는 말은 개념상 '실용'과 본질적인 추구가 다르지 않을까? 본질적으로는 다를지 몰라도, 결과적으로는 같아질 수 있다. 물리학, 생물학도 순수학문이라 할 수 있고, 물리학과 생물학을 공부하면 실용적이 될 수 있는 것처럼 말이다. 즉, 그것이 사회에서 어떻게 쓰이는가는 학문의 성격과는 무관하다. 실용성은 본래 학문 자체의 목적과는 별개로 파생되어 나타날 수 있기 때문이다.

인문학이 실용적이지 않아 보이는 이유는, 첫째로 인문학이 실생활과 거리가 먼 오래된 고전이나 철학의 내용을 파고들기 때문이다. 인문학은 왜 고전이나 옛날의 사상을 연구할까? 이는 자연과학처럼 현대에 쓸 만한 것만 빼고 버려지지 않기 때문이다. 인문학에서는 고전들이 계속 보존되고, 그것을 공부하고 계승해나간다. 자연과학의 경우, 옳은 부분이나 핵심적인 부분만 빼고는 과거의 지식을 배울 필요가 없다고 생각한다. 실제 세계와 맞는지 아닌지로 옳고 그름을 판단하고, 동시대에 가장 인정받는 정상과학normal science만을 옳다고 여긴다. 그러나 인문학은 옳고 그름에 대한 다양한 해석이 있고, 과거에 큰 영향을 미친 사상이라면 그때의 관점으로 돌아가서 다시 바라본다. 이것이 자연과학과 인문학의 가장 큰 차이점이다. 그래서 인문학을 배울 땐 고전을 탐독하는 일이 중요하다.

인문학이 실용적이지 않아 보이는 두 번째 이유는 인문학의 고전들이 대체로 현실이나 물질적인 것보다도 '정신적인 것'을 추구하고 선호하기 때문이다. 물론 이러한 점이 인문학을 '정신과학'이라 불리게 하는 이유가 되기도 한다. 플라톤의 사상은 서양철학의 뿌리이자 아직까지도 인문학적 정신에 커다란 영향을 미치고 있다. 플라톤의 영향력이 얼마나 큰지, 영국의 철학자 화이트헤드Alfred North Whitehead는 "이후의 모든 서양철학은 플라톤의 각주에 불과하다."라는 말을 했고, 이 말이 대체로 인정받고 있을 정도다. 플라톤의 중심적인 사상은 현상계가 아닌 정신의 영역에 있는 '이데아'가 좋은 것이라 생각한다. 동양사상의 흐름에서도 현실과 물질보다 정신적인 것을 더 높게 평가했다는 사실은 두말할 나위가 없다. 동양철학에서 배우는 큰 흐름은 유가철학, 도가철학, 불교철학의 세 코스이다. 물론 세 사상은 상당히 다르고 서로 배척하기도 했다. 그러나 이들의 공통점은 현실과 물질보다 정신적 영역을 중시했다는 것이다. 공자와 맹자로 대표되는 고대 유가철학은 '인仁', '의義', '예禮', '지智'와 같은 도덕성을 중시했고, 후기 유가철학인 주자학(성리학)은 하늘과 정신의 이치인 '이理'를 땅과 현실의 이치인 '기氣'보다 중시했다. 도가철학은 개인의 마음과 정신의 차원을 파고들었으며, 불교철학은 현실을 고통으로 보고 현실에 집착하기보다는 초월할 것을 주장했다.

이러한 두 가지 이유로 인해 많은 사람들은 순수한 인문학이 실용성과 거리가 멀다고 생각하고, 현대 사회를 잘 반영하지 못하는 학문이라고 여긴다. 하지만 여기서 간과하지 말아야 할 점은 인문학이 과

거의 사상을 그저 따르고 흡수하는 것이 아니라, '비판적인 자세'를 갖고 자세하게 검토한다는 것이다. 사실 인문학에서는 '철학적 사고'를 가장 중요하게 여기며, 이것의 핵심은 '비판 정신'이다. 알고 보면 고전을 열심히 공부하고 탐구하는 이유도 궁극적으로는 '비판' 또는 '평가'를 더 잘하기 위함이라고 볼 수 있다. 즉, 올바른 비판을 하기 위해 먼저 그 사상이 무엇인지를 정확히 이해하고 고전을 탐독하는 과정을 거친다.

인문학과 달리 자연과학은 완전히 다듬어진 법칙을 배운다. 그러한 정상과학을 재검증해서 뒤집는 일은 거의 불가능하고, 학생들은 대개 이론과 법칙을 그대로 외우고 받아들인다. 하지만 인문학은 학생들도 얼마든지 고전을 비판할 수 있고, 토론과 논문을 통해 비판하는 훈련을 한다. 그래서 자연스럽게 자신의 관점에서 생각하는 능력이 자라난다. 더불어 비판 정신은 교양과 좋은 판단력을 계발하는 데에 도움이 된다. 이렇게 실용적으로 쓰일 수 있는 개인의 능력을 높여주는 역할이 바로 인문학의 실용성이다.

몇몇 인문학자들은 인문학 교육이 실용성을 지양해야 한다고 주장한다. 이는 인문학을 배우는 모든 학생들이 인문학 교수를 목표로 노력해야 한다는 말과 같다. 그런 학생도 물론 필요하겠지만, 사회에 실용적으로 도움이 되는 역할을 하는 것도 중요하다. 필자는 인문학을 전공으로 선택하기 전이나, 전공과정에서도 그리고 지금까지도 인문학이 실용적이지 않다는 생각을 한 번도 해본 적이 없다. 현실에서 취직에 어려움을 느낄 때 인문학이 실용적이지 못하다는 생각을 할 수도 있겠지만, 본질적으로 인문학은 '실용적'이라고 생각해왔다. 인문학은 사람을 깨우치고 변화시키며, 세상을 보는 눈의 수준을 높여준다. 그러한 내적 능력과 소양의 향상은 말로 표현하거나 지식으로 꺼내어 보여주기는 어렵지만, 분명한 변화이다. 그리고 이러한 변화가 기업에서 실용적으로 쓰일 수 있다. 인문학적 소양은 좋은 제품을 만들고, 좋은 이미지를 만들고, 좋은 전략을 세우는 데 활용될 것이다. 이제까지 그것은 막연하게 느껴졌지만, 최근에 기업들이 인문학을 필요로 하는 추세로 인해 점차 수면 위로 떠올랐다. 그리고 이제, 우리가 인문학을 배워서 가질 수 있는 실용적 능력이 무엇인지에 대해 자세히 알아볼 때가 되었다.

| 기업이 요구하는 인문학적 소양 |

인문학 공부는 단순히 '지식을 쌓는 것'이라기보다는, '과정'이자 '훈련'으로 이해해야 옳다. 그래서 우리가 인문학을 제대로 공부하면 머릿속에 지식의 무더기를 쌓는 것이 아니라, 내면 깊숙이 탁월한 지혜를 쌓을 수 있다. 또한 기업 활동에 있어 필요한 인문학도 대개 인문학적 지식이라기보다는 그러한 '소양'과 '지혜'이다. 대부분의 경우 기업에서의 인문학은 제품 혹은 서비스를 만들거나, 의사 결정을 하는 '과정'에 개입한다. 결과물에서 명시적으로 인문학적 지식을 인지할 수 없을지라도, 인문학적 소양이 과정에 개입한 결과물은 커다란 '차이'를 만든다.

인문학은 인간의 내면을 향상시키는 데에 그 목적을 두는데, 인간의 내면이라는 말은 너무나도 추상적이고 모호하다. 그것을 어떻게 계량할 수 있을까? 우리는 이를 '덕德', 혹은 '덕목德目'이라 규정한다. 인문학이 향상시키는 대상은 우리의 성품, 인격, 창의성, 품격, 시야와 같은 것들인데, 사람들은 이와 같은 능력이 있는 사람을 두고 "좋은 덕을 지녔다."라고 이야기한다. 덕이라는 것은 그 사람의 성격이나 정체성과 긴밀히 결합되어 있다. 하지만 사람의 정체성을 바꾸는 일은 쉽지 않고, 그렇기 때문에 인문학적 소양을 쌓는 일도 단기간 내에 이루어지기 어렵다.

몇몇 독자들은 사람의 내적 특성 자체가 과연 교육이나 공부를 통해 얼마나 변화할 수 있는지에 대해 의문을 가질 것이다. 그러나 이는 과학적으로 증명되었다. 과거 어떤 학파에서는 인간의 성격이나 성향이 선천적·유전적으로 완전히 결정된다고 주장하기도 했지만, 심리학과 인지과학의 연구로 후천적으로도 성향을 개선시킬 수 있음이 과학적으로 밝혀졌다. 우리는 교육과 훈련을 통해 한 개인의 내적 특성을 변화시킬 수 있다. 그리고 이는 분명 실용적인 '능력'이 된다.

인문학의 본질은 '덕의 향상'이다. '덕' 혹은 '덕목'에는 우리가 흔

라파엘이 그린 아테네 학당(School of Athens). 가운데에 플라톤과 아리스토텔레스가 서 있다. 그중에서도 아리스토텔레스는 『니코마코스 윤리학』을 들고 있으며, 현실 세계에 대한 탐구를 대변하고자 땅을 향해 손바닥을 펼치고 있다.

히 알고 있는 도덕성뿐만 아니라 다양한 현실적 능력도 포함된다. 유교에서는 주로 '인, 의, 예, 지'와 같은 도덕성을 중시했지만, 고대 그리스의 플라톤과 아리스토텔레스는 도덕적 덕목 외에, 보다 실용적인 능력들을 포함시켰다. 플라톤과 아리스토텔레스가 예로 든 대표적인 덕은 '정의', '용기', '친애(사랑 또는 우정)', '지혜', '재치', '진실함', '절제', '건강', '온화', '호탕함' 등이다. 이처럼 덕은 꼭 도덕에 국한하지는 않고, '내재적인 좋은 능력'이라 할 수 있다. 다만, 인문학과 연관성이 적은 덕목도 있다. 예를 들어 아리스토텔레스의 『니코마코스윤리학 Nicomachean Ethics』에서는 '재치 있음'도 좋은 덕으로 보았는데, 인문학 공부로 이러한 능력이 향상된다고 보기는 어렵다.

그렇다면 내면의 덕목이 기업에서 어떻게 사용될 수 있을까? 수학 공식이나 기계 장치, 기술과 같이 눈에 보이는 도구라면 쓰임새가 짐작이 가능하지만, 덕목은 추상적이라서 그것을 어떻게 써먹을지 짐작하기가 어렵다.

덕목의 활용 방법은 크게 두 가지 방향이 있다. 첫 번째로 인문학적 소양(덕목)을 가진 인재가 그 덕목에 따라 '훌륭한 결과물'을 만들어낸다는 것이다. 덕목은 행위로 나타나지 않으면 아무런 소용이 없고, 의미가 없다. 지혜의 덕목을 가진 사람은 지혜로운 행동을 하고, 선함의 덕목을 가진 사람은 선한 일을 할 것이다. 그래서 어떤 덕목을 가진 사람은 그 덕목을 가진 사람이 할 수 있는 좋은 행위를 하고 결과물을 만든다.

두 번째로 기업, 또는 제품 그 자체에 좋은 덕목이 담기도록 할 수 있다. 기업은 '법인'이라서 하나의 행위자처럼 여겨진다. 그리고 제품 역시 어떤 독립적인 개체나 행위자로 인식될 수 있다. 그래서 어떤 덕목에 대해 잘 이해하고, 구성원들에게 함양시킨다면 기업과 제품에 좋은 이미지를 심을 수 있다.

인문학에서 얻을 수 있는 기업에 필요한 덕목은 크게 다섯 가지로 정리할 수 있다. 여기에서 서로 묶은 영역은 연관성이 큰 것들이다.

1. 고상함과 하이퀄리티
2. 윤리와 도덕성
3. 창의성과 콘텐츠 응용력
4. 인간 중심의 관점과 타인에 대한 이해
5. 비판적 사고와 표현력

인문학을 공부함으로써 이 다섯 가지 덕목 또는 소양을 기를 수 있고, 이는 기업에 도움이 되는 좋은 결과를 만들어낼 수 있다. 각각을 간단하게 소개하자면, '고상함과 하이퀄리티'는 제품과 기업의 품격을 높인다. '윤리와 도덕성'은 기업의 도덕성을 높여 소비자의 인식을 좋게 만들고, 기업 내부적으로도 신뢰와 협동심을 키울 수 있다. '창의성과 콘텐츠 응용력'은 창의적인 제품과 서비스를 만들고 인문학 콘텐츠를 응용한 제품을 만들 수 있게 한다. '인간 중심의 관점과 타인에 대한 이해'는 사용자의 관점에서 그들이 원하는 제품을 만들 수 있게 도와준다. 마지막으로 '비판적 사고'는 기업의 올바른 의사 결정을 도와주고, 위험을 미리 피할 수 있게 한다. '표현력'은 논리적인 말과 글, 특히 설득력 있는 글쓰기에 도움이 된다. 그리고 이 다섯 가지 소양은 다음과 같이 서로 연관되어 있다.

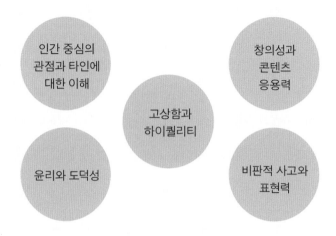

이 도식에서 능력들 간에 서로 멀리 떨어져 있다고 해서 전혀 연관성이 없다는 의미는 아니다. 간접적·무의식적으로 서로 인과 작용을 하거나 좋은 영향을 끼친다. 그래서 인문학을 배우면서 다섯 가지 소양을 키우는 과정은 각각 분리된 것들을 따로따로 배우고 계발하는 것이 아니라, 전체적으로 두루 향상시킨다.

Part2에서는 이 각각의 인문학적 소양을 기업에서 어떻게 활용하는지에 대해 하나씩 살펴볼 것이다. 그런데 이쯤에서 '과연 이러한 능력을 꼭 인문학을 배워야만 얻을 수 있는가?'라는 의문이 들 것이다. 뒤에서도 설명하겠지만, 인문학을 공부하면 다섯 가지 능력이 향상되고, 이는 다른 학문을 배울 때 얻지 못하는 인문학의 '독특한 성질'에서 비롯된다. 물론 사람마다 다섯 가지의 소양 중 어느 하나를 타고 났을 수도 있다. 그러나 그렇지 않은 사람이라면, 인문학을 올바르게 공부해서 다섯 가지의 소양을 기를 수 있을 것이다.

기업에서 채용을 할 때 대개 '학과'와 '학점'만 보고 더 디테일한 능력을 측정하지 않는 이유는 학교에서 배운 이론과 실제 현장에서 일어나는 일이 서로 많이 다르기 때문이다. 공학을 전공한 사람도 기업에 입사하면 막상 필요한 기술을 새로 배우는 경우가 많다. 그래서 기업에서 요구하는 신입사원의 소양은 앞으로 응용될 수 있는 '기본적인 능력'이다. 인문학적 소양도 처음에는 어떻게 쓰일지 모르지만, 현장에서 빛을 발할 수 있다. 이제부터는 인문학적 소양이 기업 활동에 얼마나 중요한 역할을 하는지 확인해보자.

PART
2

기업 활동에
필요한 다섯 가지
인문학적 소양

3장

인문학적 소양 1
고상함과
하이퀄리티

'고상함'과 '품격'이란 무엇일까? 우리에게 떠오르는 이미지는 고급스럽고, 수준이 높고, 예술적인 것이다. 그리고 이는 '귀족'에게서 풍기는 이미지와 유사하다. 귀족들은 천박하고 싸구려의 느낌이 나는 것을 싫어하고, 비싸고 수준이 높고 예술적인 것을 좋아한다. 전통적으로 귀족들은 예술품을 좋아했다. 르네상스 시대의 대표적인 귀족 가문인 메디치가Medici family는 레오나르도 다빈치, 미켈란젤로 등 수많은 예술가를 후원했고, 현대에도 재벌들은 미술품을 수집하거나 미술

피렌체의 두오모 성당. 피렌체를 예술의 도시로 만들고 르네상스를 점화시킨 건 메디치가의 아낌없는 후원 덕분이다.

관을 건립하는 활동을 많이 하고 있다.

귀족이라 불리는 사람들이 예술품을 좋아하는 이유는 무엇일까? 그 이유는 그들이 선호하는 품격과 고상함, 고급스러움, 귀함의 특징을 예술이 잘 담고 있기 때문이다. 예술품의 가격은 아주 비싸지만 그 실용성을 평가하기는 어렵다. 그래도 사람들에게 '호감'을 불러일으키기 때문에 예술적인 것은 인기가 있고, 사람들이 소장하고 싶어 한다.

그런데 현대 예술은 좀 난해하다. 현대 예술 중에 많은 것들은 아름다움을 드러내기보다는 더럽거나 기괴하고, 고급스러워 보인다기보다는 오히려 싸구려 같은 느낌이 나기도 한다. 대체 '예술'이란 무엇일까? 그것이 품격이나 고상함의 기준이라고 주장한다면, 현대 예술은 그 반례가 아닐까? 그리고 혹시 우리는 본래 품격이나 고상함을 추구하는 게 아니라, 싸구려나 대중적인 것을 더 선호하는 건 아닐까? 먼저 이에 대한 해명이 필요하다. 고상함과 품격이 요즘 시대에 정말로 중요하고, 또 많은 사람이 바라고 있는 가치인가? 대답은 물론 '그렇다'이다. 대부분의 사람들은 고상함을 선호하고, 천박함을 싫어한다.

'고상함과 하이퀄리티', '수준 높은 품격'은 장인이 만든 고급 제품에, 예술가의 작품에, 스티브 잡스와 애플의 제품에, 그리고 각종 명품 제품에 잘 녹아 있다. 어떻게 기업은 그러한 '고급' 제품을 만들 수 있을까? 단지 좋은 재료를 사용해서 가격을 높게 책정하면 될까? 그렇지 않다. 품격과 천박함의 차이를 만들어내는 것은 다름 아닌 '인문

경기도 용인에 위치한 호암미술관. 삼성그룹 창업주인 호암 이병철이 30여 년에 걸쳐 수집한 한국미술품 1,200여 점을 보관한 곳이다.

학'이다. 이번 장에서는 그에 대한 이야기를 해보려고 한다.

'품격', '고상함', '세련됨'은 어떤 높은 질적 수준을 말한다. 즉, 거기에는 '질적'이라는 것과 '절대성'이 전제가 된다. 그리고 이는 물질적이라기보다는 정신적 차원의 것이다. 물질적인 것은 숫자로 대응되거나 계산할 수 있다. 그러나 '질적 가치'는 숫자나 계산으로 판단할 수 없고 측정도 할 수 없다. 이것은 인간의 정신이 '느끼는' 것이다. 그래서 사실 그 정확한 실체에 대해 객관적으로 알기 어렵다.

품격과 고상함에 대해 정확히 알기 위해서는 문화예술계의 사조를 살펴봐야 한다. 그런데 현대, 즉 20세기 문화예술의 사조는 겉으로 보기에 품격이 '해체'된 시대인 것 같다. 그건 20세기가 전반적으로 '고상한 정신 문화가 퇴조된 시대'였기 때문이다. 물질중심주의(유물론)와 배금주의, 자유주의와 평등주의는 20세기 이전의 낭만과 절대성, 정신에 대한 지향성을 많이 무너뜨렸다. 20세기를 대표하는 키워드 중의 하나로 '포스트모더니즘Postmodernism'이라는 말이 있다. 고상한 것, 정신적인 것을 해체하자는 '해체주의'로 이해하면 된다.

20세기에 그런 문화적 사조가 일어난 데에는 다 이유가 있다. 예술은 사회상·시대상을 반영한다. 기술과 산업이 급속도로 발전하면서 당시 사람들은 정신보다도 물질적인 것을 더 중요하게 여겼다. 무기를 앞세운 식민지 개척과 엄청난 규모의 세계 대전이 두 번이나 일어났고, 그러한 전쟁을 통해 사람들은 돈이 많고 과학 기술이 앞선 나라가 살아남는다는 사실을 깨달았다. 자본주의와 공산주의의 대립도 정신보다 물질을 더 중요시하게 된 계기다. 자본주의와 공산주의 사이에서 엄청난 기술, 무기, 산업화 경쟁이 일어났기 때문이다. 절대 권력과 계층, 계급에 대한 반감이 커지고 자유와 평등의 바람이 혁명적으로 세계를 바꿔놓았다. 이제 세계는 귀족이 아니라 돈을 가진 '부르주아' 계층이 지배하게 되었다. 자본주의가 발달하면서 '돈이면 무엇이든지 다 할 수 있다'는 생각이 퍼졌다. 그리고 문화인류학적으로는 '상대주의'가 많은 영향을 끼쳤다. 상대주의란 어떤 절대적 기준을 두지 않고, 다양한 문화 혹은 개인마다 다른 기준을 가질 수 있다는 개념으로, 절대적 기준을 추구하는 품격과 고상함과는 상반되는 경향이다. 상대주의가 예술에 영향을 끼친 대표적인 예는 피카소의 작품이 있다. 피카소가 창시한 '입체파'의 특징은 여러 상대적 관점을 하나의 화폭에 표현하는 것이다.

정신보다는 물질을 더 중요하게 여기고, 질적인 것보다는 양적인 것에 더 가치를 두는 경향외에, 대량 생산과 상업의 발달로 인해 20세기는 '대중문화'의 시대가 되었다. 특히 눈여겨볼 것은 '하위문화'가 떠올랐다는 점이다. 그러면 품격과 고상함, 세련됨이라는 개념이 20세기에 들어와서 퇴조하거나 사라졌을까? 결론부터 말하면 그렇지 않다. 20세기에 하위문화가 휩쓰는 상황 속에서도 품격은 우리의 관념과 문화 속에서 작동하고 있었다. 20세기를 주도한 문화계의 상황은 하위문화를 '차용'했을 뿐이다. 그러한 양식으로는 '록 음악'과 '힙합'이 대표적이다. 이런 음악을 하는 뮤지션들은 저속한 말과 행동, 권위와 예의를 조롱하는 등 의도적으로 하위의 문화를 차용하지만, 예술성을 인정받는다. 소위 '록의 정신'과 '힙합의 정신'이 품격과 예술성을 불러일으킨다.

미술에서는 저급함, 하류, 모방, 싸구려의 이미지로 대표되는 키치 Kitsch를 예로 들 수 있다. 우리가 키치를 고상한 예술로 인정하는 이유는 그 오브제의 내용(하위문화)보다는 고정관념을 파괴하는 작가의 '정신'과 '메시지', '맥락적 의미'가 예술을 이루는 핵심이기 때문이다. 우리는 그러한 정신이 담겨 있는 예술 작품에 호감을 느끼고, 품격 높

키치 예술의 대표주자인 제프 쿤스(Jeff Koons)와 그의 작품. 제프 쿤스는 80년대 중반, 미디어의 과포화로 인한 예술 표현의 위기에 대해 논쟁을 가능케 한 작가로서 작은 크리스탈, 풍선, 반지 등 주변에서 쉽게 얻을 수 있는 오브제를 작품의 소재로 삼았다.

은 '상위문화'라고 여긴다. 즉, 상위문화와 고상함에 대한 추구는 언제나 가지고 있었는데, 물질만능주의, 극단적 상대주의, 극단적 해체주의로 인해 드러나지 않았을 뿐이다. 고상함과 품격, 세련됨과 같은 '상위문화에 대한 추구'는 사라지고 나타나는 유행이 아니다. 그것은 인간의 본성이고, 우리는 절대적 기준에서 하위문화와 상위문화를 구분하며, 저급함을 꺼려하는 대신 고급과 품격을 영위하고 싶어 한다.

그러면 20세기 후반에 하위문화가 문화계 전반을 휩쓴 상황을 어떻게 설명할 수 있을까? '고급'과 '품격'은 어떠한 유행에 인문학이 결합되어 탄생한다. 즉, 다음과 같다.

맥락 또는 유행 + 인문학 = 품격

하위문화는 당시의 사회적 맥락과 유행인 '콘텐츠'이다. 대중이 문화적 혜택을 많이 받기 시작하면서, 대중이 가지는 하위의 속성들이 문화적 콘텐츠가 되었다. 여기서 하위의 속성 그 자체는 품격을 갖지 못한다. 거기에 인문학적 소양에 의한 약간의 변형이 가해져야만 품격이 생긴다. 우리가 호감을 가지는 대상은 그렇게 변형된 것이고, 우리는 본능적으로 품격이 높은 것에 호감을 느낀다.

품격을 만드는 인문학적 요소는 무엇일까? 그것은 역사와 철학의 메시지를 말한다. 즉, 작가 혹은 생산자가 역사와 철학(혹은 미학)에 대한 소양이 있고, 그 작품(제품)을 통해 인문학적 '메시지'를 전달하고 표현할 때 품격이 발생한다. 여기에서 메시지는 '올바른 방향'을 제시하려는 '철학적 사고'에서 비롯된다. 만약 아무런 인문학적 소양이 없이 그저 남을 따라 하려고 하거나, 시류에 편승한 제품을 만들면 품격은 발생하지 않는다.

얼마 전 현대 미술가 로이 리히텐슈타인Roy Lichtenstein의 '행복한 눈물Happy tears'이 엄청난 고가라고 해서 화제가 된 적이 있다. 이 작품은 팝 아트의 대표작으로, 팝 아트 역시 하위문화를 차용한 것이다. 누구나 쉽게 접하고 대량 생산되는 매체인 만화의 한 장면을 커다란 캔버스에 확대하거나, 흔히 볼 수 있는 식료품이나 대중스타의 모습을 찍어낸 것이 대표적이다. 그런데 왜 이런 팝 아트가 매우 비싼 값에 팔리고, 미술평론가와 최상류층 재벌가들에게 각광받을까? 거기에는 바로 '높은 품격'이 자리 잡고 있기 때문이다. 즉, 흔한 소재들을

뉴욕 출신의 팝아티스트 로이 리히텐슈타인과 그의 작품 'The head'. 그는 대중적이며 하위문화인 '만화'의 이미지를 차용해 작품을 만든 것으로 유명하다. 그의 작품들에는 만화에서 주로 쓰이는 진한 경계선, 말풍선, 기계적 만화 인쇄에서 보이는 도트 무늬가 자주 등장한다.

미술 속으로 끌어들임으로써 순수예술과 대중예술이라는 이분법적 구조를 허물고, 산업사회의 현실을 예술 속에 적극 수용하고자 한 측면 때문이다.

또 하나의 예로 마르셀 뒤샹Marcel Duchamp의 '샘Fontaine'을 들 수 있다. 뒤샹은 공중 변기를 그저 미술관에 갖다놓고 이름을 붙였을 뿐이지만, 수준 높은 예술로 인정받고 있다. 예술은 아름다워야 한다는 고정관념을 뒤엎고, 기성제품을 그대로 갖다 전시함으로써 창작 행위에 대한 개념을 흔들었고, '예술이 무엇인가'에 대한 수준 높은 질문을 던졌기 때문이다. 뒤샹의 속마음이 어땠는지는 확실치 않지만, 분명한 것은 평론가들이 '샘'이라는 작품에서 미술과 사회에 영향을 미칠 수 있는 어떤 철학과 메시지를 발견했다는 사실이다. 물론 그 메시지가 남을 따라 한 것이 아니라, '최초'라는 점도 매우 중요하다.

이렇듯 높은 품격은 대상이 되는 재료와 인문학의 결합으로 인해 만들어진다. 그 재료가 하위문화였지만, 인문학적 '변형'으로 인해 고급이 된 셈이다.

대상에 대한 품격의 부여는 꽤나 신기한 면이 있다. '제작자'에 대한 평가가 작품에 투영되기도 한다는 것이다. 똑같은 작품을 만들고,

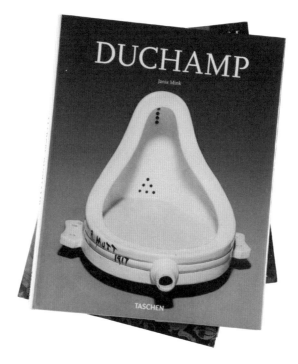

마르셀 뒤샹의 '샘'. 뒤샹은 최초로 '레디메이드(기성 제품)'를 예술 작품으로 등장시켰다. 소변기는 미술관에 전시됨으로써 본연의 기능을 상실했다. 그러나 이러한 맥락의 변화만으로도 사람들은 오브제 너머의 깊은 의미와 메시지를 생각하게 된다.

똑같은 행위를 하더라도 그 행위자가 누구인지에 따라 품격이 달라질 수 있다. 그 이유는 인문학적 소양이 행위자(제작자)의 정체성과 관련이 있고, 작품에 담긴 어떤 정신적 가치가 행위자와 연결되기 때문이다. 예를 들어, 겉보기에 저속한 행위라고 할지라도 예술가가 의도적으로 한 것이라면, 사람들은 거기에서 어떤 '메시지'를 찾으려고 하고 예술적인 행동으로 인정한다.

지금껏 예술 작품과 대중문화를 예로 들었는데, 물론 우리가 구입하는 제품과 서비스에도 이는 그대로 적용된다. 품격은 호감을 만들고 우리는 호감 가는 제품과 서비스를 구입한다. 그리고 품격 있는 제품을 사용함으로써 소비자 자신의 품격도 향상된다.

앞에서 보았듯이 현대 사회에서 표면적으로는 고상함과 품격이 퇴조한 것처럼 보여도, 고상함은 여전히 그 안에서 떠올라 우리에게 큰 영향을 끼치고 있으며 그에 기여하는 인문학의 역할도 결코 줄어들지 않았다. 오히려 현대 예술과 대중문화를 통해 인문학의 두드러진 역할을 확인할 수 있다. 우리는 현대 문화를 통해 저급하고 대중적이고 싸구려인 대상들이 높은 수준과 품격을 가지는 것으로 탈바꿈하는 모습을 목격했다. 품격을 만드는 요소는 그림을 정교하게 잘 그리는 손기술이나 특기만은 아니다. 과거에는 뛰어난 손기술로 인한 그림이 인정받던 시절이 있었지만, 현대의 예술에서는 시장의 싸구려 물건과 미술관의 비싼 작품 간에 눈으로 보이는 차이가 크지 않고 손기술도 별로 중요하지 않다. 그 차이점은 대상이 역사와 철학, 문화의 흐름에 얼마나 기여할 수 있는가 하는 것, 즉 인문학적 요소에 있다.

| 인문학은 어떻게 품격을 높이는가 |

고상함과 하이퀄리티는 제품을 통해 느낄 수 있는 '품격'을 뜻하기도 하지만, 일종의 인문학적 소양으로도 볼 수 있다. 즉, 인문학적 소양을 갖춘 사람일수록 고상하고 품격 높은 제품을 만들어낸다.

이 책은 기업 활동에 필요한 '실용성'에 중점을 두므로, 고상함과 품격이 제품의 판매에 얼마나 좋은 영향을 주는지를 알아볼 것이다. 인문학적 소양을 가진 사람은 무엇이 수준 높은 것인지를 판별하는 눈이 있다. 그리고 제작자가 그러한 사람이라는 게 알려졌을 때, 그 자체만으로도 제품의 품격이 올라갈 수 있다. 뒤에서 살펴보겠지만, 스티브 잡스가 만든 제품이 인기를 끈 요인도 바로 인문학적 소양이었다.

품격은 똑같은 제품을 팔더라도 더 높은 값을 받을 수 있게 만든다. 우리의 상식으로는 제품 자체에 들어있지 않은 요소에 돈을 더 지불하는 일이 비합리적으로 보이지만, 사실 이는 무척이나 합리적인 소비다. 그 제품을 소비하면서 제품을 생산한 사람의 품격이 소비자에게 '옮겨 오기' 때문이다. 우리는 자신의 품격을 높이고 싶어 하고, 자신을 품격 있는 사람이라고 외부에 알리고 싶어 한다. 그것을 위한 소비는 합리적이다.

만약 제품 간에 기능과 편의성의 큰 차이가 있다면, 그 부분이 소비의 주요 판단 기준이 될 것이다. 그러나 별반 차이가 없다면, 더욱 중요해지는 것이 바로 '품격'이다. 제조업은 이미 기술적으로 평준화되어가고 있다. 싸고 좋은 제품은 얼마든지 구할 수 있다. 국내에서 구할 수 없다면 이제는 인터넷으로도 구할 수 있는 시대다. 그럼 이제 중요한 요소는 무엇일까? '눈에 보이지 않는 것', 즉 '품격'이다. 최근 세계적인 기업들이 인문학에 주목하는 이유가 바로 여기에 있다. 그러면 인문학을 배우는 과정이 어떻게 고상함과 하이퀄리티의 능력을 향상시킬까? 높은 수준을 판단하는 핵심이 되는 잣대는 '철학'과 '역사', 그리고 '예술'이다. 그리고 이를 토대로 인문학의 '본질적 특성'에 대해 이해하면 그 원리를 파악할 수 있다.

고상함과 하이퀄리티의 소양을 증진시키는 인문학의 특성은 크게 두 가지로 생각할 수 있다. 첫 번째는 '절대성'이다. '고상함'과 '높은 수준'은 어떤 절대성에 기반한다. 절대적 기준이 없으면, '고상함'과 '높은 수준'을 판단할 수 없고 가질 수도 없다. 인문학적 소양은 절대적 수준의 높고 낮음을 판단할 수 있는 감感이다. 절대적 기준은 절대적으로 옳고 그름, 좋음과 나쁨을 판가름하게 한다. 그리고 철학의 역사는 '절대성에 대한 추구'였다.

서양 최초의 철학자는 '탈레스'라고 하지만, 서양철학의 근본적인

자크 루이 다비드(JACQUES-LOUIS DAVID)의 '소크라테스의 죽음'

원류는 '소크라테스'와 '플라톤'이다. 소크라테스는 플라톤의 스승이고, 소크라테스는 남긴 책이 없기 때문에 그의 활약은 플라톤의 저서를 통해 전해지고 있다.

　기원전 5세기부터 4세기까지는 소피스트Sophist들이 활약하던 시대였다. 소피스트들은 "진리는 없으며, 절대적인 것도 없고, 모든 것은 상대적이다."라고 주장하고 다녔다. 소크라테스는 그것을 반대한 대표적 인물이었고, '절대적인 진리'가 존재한다고 주장했다. 즉, 절대적인 선과 악도 존재하고, 절대적인 좋음과 나쁨도 존재한다는 말이다. 물론 소크라테스는 이러한 주장으로 사람들을 선동한다는 죄로 사형을 당했지만, '절대성'의 등장은 현재까지도 진정한 철학의 시작으로 여겨진다. 그리고 절대성은 그의 제자인 플라톤 철학의 핵심이 된다. 이후로 철학의 역사는 절대적인 진리를 찾기 위한 과정이 되었다. 플라톤의 제자인 아리스토텔레스도 마찬가지였다. 그는 옳고 그름뿐만 아니라 인간의 자연스러운 좋음과 나쁨의 감정이 절대적인(도덕적) 기준에 의해 나타난다고 보았다.

많은 사람들은 인문학이 옳고 그름을 엄밀하게 판단하는 기준을 제시하는 학문이라는 사실에 의문을 가진다. 인문학을 깊게 공부하지 않은 사람들은 인문학에서의 옳고 그름에 대한 판단 기준이 제각각 다르고, 이를 별로 중요하지 않게 여긴다고 생각한다. 옳고 그름을 엄밀하게 판단하는 것은 이과계통의 학문, 즉 수학이나 과학에서 하는 일이라는 것이다.

그러나 이는 완전히 오해다. 사실 인문학은 옳음과 그름의 판단이 굉장히 엄밀하고 철저한 학문이다. 철학에서 어떤 주장을 했을 때, 조금이라도 빈틈이 있으면 그 허점으로 인해 큰 비판을 받는다. 도덕적으로도 철저해야 하고, 논리적으로도 철저해야 한다. 과학은 증거가 눈에 보이므로 비판을 하기 어렵지만, 철학은 대개 증거가 눈에 보이지 않는다. 그래서 계속 토론과 논쟁을 한다. 그리고 인문학은 '의심하기'에 거의 집착적인 태도를 보인다. 과학에서는 '눈에 보이는 사실'을 믿지만, 철학은 눈에 보이는 사실도 의심하고, 심지어 수학적 논리 자체도 의심한다. 물론 상식적으로 과학적·수학적 증거는 인정해야 하지

프랑스의 철학자 르네 데카르트. 주체적 관점에서 자신이 아는 모든 것들을 의심하라는 철학적 방법을 제시함으로써 근대 서양철학의 기틀을 마련했다. 대표적 저서로는 『방법서설』, 『성찰』이 있다.

만, 철학자 르네 데카르트Rene Descartes는 이 역시도 '혹시 악마가 이를 믿도록 속이는 게 아닐까?'라고 의심했다. 그래서 데카르트는 진짜로 믿을 만한 건 "나는 생각한다. 고로 존재한다."라는 사실밖에 없다고 말했다.

옳고 그름에 대한 판단력은 역사학을 공부할 때에도 길러진다. 역사학은 실제 일어난 사건, 즉 '팩트Fact'를 다루기 때문에 굉장히 엄격해야 한다. 일차적으로 사실이 명확하지 않으면 그것에 대한 어떠한 해석도 무의미해진다. 이에 대해 "역사는 현재의 해석에 따라 달라질 수 있다."라는 에드워드 핼릿 카E.H.Carr의 역사관을 근거로 반박할지도 모르겠지만, 이 말이 팩트를 엄밀하게 검증하는 작업이 나쁘다는 의미를 함의하지는 않는다. 팩트를 다루든지 역사가의 가치가 개입하든지, 결국에는 역사를 판단하는 데에는 절대적·객관적 판단 기준이 요구된다.

이렇듯 인문학은 그 어떤 학문보다도 최대한의 객관성과 엄밀함을 요구하는 학문이다. 그런데 왜 우리는 인문학이 주관적이고 기준도 없는 학문이라 여길까? 그것은 바로 인문학이 다루는 '대상' 때문이다. 자연과학은 눈에 보이는 대상을 다루지만, 인문학은 눈에 보이지 않는 정신적인 것을 다룬다. 가장 객관성이 떨어지는 것처럼 보이는 예술에서도 인문학적 소양이 높은 사람들의 평가를 받지 못하면 탈락이다. 단지 그들끼리 짜고 하는 게 아니다. 인문학이 만드는 어떤 '절대적 기준'에 의해 판단된다.

인문학은 궁극적으로 '옳고 그름의 기준'을 밝혀서, 그 기준으로 인해 더 좋은 미래를 만들어나가고자 한다. 인문학을 공부하다 보면 조금씩 자신이 짐작하는 어떤 기준을 구축하게 되고, 그것이 바로 '판단력의 기준'이 된다. 올바른 기준을 가진 사람이란 주변 사람들이 말하는 것을 곧이곧대로 따르거나 시류에 휩쓸리는 사람이 아니라, 도덕과 정의, 합리성을 가진 사람을 말한다. 예를 들어 죄 없는 사람들을 노예나 짐승처럼 대하는 일이 아무렇지도 않게 행해지는 사회가 있다고 하자. 진정으로 인문학적 깊이가 있는 사람은 그러한 분위기에 동조하는 것이 아니라, 주변 사람들이 모두 그렇게 생각하더라도 어떤 절대적인 기준에 따라 그것이 잘못되었음을 판단할 수 있다.

더불어 역사와 사상의 흐름은 일종의 시행착오의 연속이다. 우리는 역사와 철학의 흐름을 배움으로 인해 인간의 많은 시행착오를 간접적으로 경험하고, 똑같은 실수를 반복하지 않게 된다.

고상함과 하이퀄리티를 증진시키는 인문학의 두 번째 특징은 '순수성purity'이다. 그런데 절대성과 순수성은 밀접한 관련을 맺고 있다. 좋은 목표를 향한 순수한 열정이 없다면, 주변 상황에 휩쓸리고, 고상한 목표를 위한 강직한 마음과 태도도 사라지기 때문이다. 순수성은 기회주의에 반대되는 개념으로, 순수성을 추구하는 행위를 다른 사람들이 보면, '쓸모없는 일'을 하는 것처럼 보일 수도 있다. 당장 도움이 되지 않는 것 같기 때문이다.

하지만 원래 인문학 공부는 '순수함'을 추구한다. 주변에서 인문학을 공부하는 모습을 보면 그것이 얼마나 순수해 보이는지 알 수 있다. 동서양의 고전을 공부하고, 역사와 문학을 깊게 파고드는 일은 직접 실생활에 적용할 수 있는 응용 기술을 배우는 것처럼 보이지 않는다. 요즘 시대에 니체의 사상을 이해하고, 논어를 공부하는 일이 현실에 어떻게 쓸모가 있을까? 더욱이 그런 유명한 사상가들이 아니라 주변 사람들이 거의 모르는 사상가나 작가의 글을 파고든다면, 더욱 쓸모없어 보일지 모른다. 그런데 그럴수록 '순수함'은 더욱 빛이 난다. 그러나 앞에서 이야기했듯이, 겉으로 보기에 그 행위가 쓸모없어 보이고 순수하다고 해서, 정말로 쓸모가 없는 것은 아니다. 이로 인해 갖게 되는 결과적인 효과는 이 책에서 다루는 것처럼 실용적이 될 수 있다. 거듭 말하지만, 순수성의 반대는 '실용성'이 아니라 '기회주의'이다.

우리는 돈을 최고의 목표로 삼는 태도를 천박하다고 생각한다. 그것을 '천민자본주의'라고 부른다. 반면에 순수한 올바름과 정의, 아름다움을 찾는 행위는 고결하고 고상하며 품격있다고 생각한다. 전자는 '기회주의'의 산물이고, 후자는 '순수성'의 산물이다. 기회주의적으로 처신하는 태도는 '이기적'이고, '한탕주의'이다. 그러나 순수하게 '바람직함'을 추구하는 자세는 훌륭해 보이고, 호감을 불러일으킨다. 당장은 쓸모없어 보이는 일을 하는 것 같아도, 오히려 그렇게 흔들리지 않고 외길을 걷는 자세가 품격과 고상함을 낳는다.

우리에게 도움이 되는 고상함과 품격은 사실 알아봐주는 사람들이 없으면 빛이 나지 않는다. 특히 제품이나 서비스는 많은 사람들이 그것을 느끼고 공유할 수 있어야 한다. 그런데 간과하지 말아야 할 점은 진정한 고품격이란 꼭 많은 사람들이 이해하는 것이 아니어도 된다는 사실이다. 많은 사람들이 이해하는 것은 '대중적인 것'에 불과하다. 고품격이란 '희귀한 것'이면서 '수준 높은 것'이다. 귀하고 수준 높은 것을 추구하다 보면, 언젠가는 그것이 인정받게 된다. 처음에는 이를 알아보는 소수의 사람들에게서 시작해, 점차 알려지게 된다. 오히려 '흔하지 않은 것', '이해하기 쉽지 않은 것'이 품격을 높이는 요인이 되기도 한다. 물론 단지 특이하고 어렵기만 해서는 품격이 높아지지 않는다. 그것이 '올바른 방향성'을 가지고 있는지가 중요하다. 그리고 그 올바른 방향은 인문학적 소양을 통해서만 파악할 수 있다.

인문학이 아닌 다른 학문을 공부했을 때에도 인문학 못지않게 고상함과 품격, 높은 수준에 관한 능력을 향상시킬 수 있을까? 아마도 어려울 것이다. 왜냐하면 첫째로 규범적 방향성을 탐구하고 제시하는 분야는 인문학뿐이기 때문이다. 물론 법학, 경제학, 경영학 등의 많은 학문에서도 일정 부분 도덕과 규범에 대해 다루지만, 그 지점은 인문학과 결합된 부분이다.

둘째로 고상함과 하이퀄리티는 수량으로 환산할 수 없는 '가치'이기 때문이다. 가치는 개인이 마음으로 느낄 수 있는 질적·정신적인 것이다. 단지 양적·물질적으로 동일한 것을 만든다고 해서 품격까지 같아지지는 않는다. 품격이 높은 작품은 대개 물질적으로도 약간의 차이가 있지만, 실제로 아무런 차이가 없다고 할지라도 작품이 등장하는 '상황'과 '맥락'에 따라 차별화될 수 있다.

셋째로 다른 학문들은 인간의 내면에서 분리될 수 있는 객관적인 '도구'를 만들지만, 인문학은 '내면의 소양'을 향상시키기 때문이다. 좋은 인문학적 소양을 내면에 가진 사람은 행위를 통해서 품격이 높은 작품을 만들거나, 혹은 그 사람 자체의 내면을 다른 사람들이 인식함으로써 그의 작품에 품격이 투영된다. 동일한 작품을 만들더라도 제작자의 품격과 태도, 정신에 따라 작품의 가치가 달라질 수 있다.

그렇다면 고상함과 하이퀄리티의 소양을 제품에 부여하는 일이 얼마나 실용성 있고, 기업의 매출에 얼마나 큰 도움이 될 수 있을까? 지금부터는 이에 대한 이야기를 해보자.

| 제품의 품격이 기술을 압도한다 |

품격의 차이가 기업의 성공에 얼마나 큰 영향을 미칠까? 서비스업이나 패션 분야에서는 과거부터 지금까지 계속 중요하게 여겨졌지만, 전자기기처럼 전통적으로 기술이 중시되는 제품에도 품격이 점점 중요해지고 있다.

사실 과거에는 품격에 대한 중요성이 잘 드러나지 않았다. 기술이 급격하게 발전하고, 그에 따라 생활의 편리함이 나날이 향상되어가던 시기가 불과 얼마 전까지 이어져왔기 때문이다. 그 당시에는 '편리함'과 '기능성'이 소비자의 제품 선택에 있어 가장 중요한 기준이었다.

예를 들어, 소니Sony에서 만든 워크맨의 등장은 다른 기기들이 줄 수 없는 편리함을 가져다주었고, 이후 신제품이 계속 나올 때마다 오토리버스, 녹음, 구간 반복 기능이 추가되면서 차별화된 편의성을 제공했다. 신新 기술과 신제품의 등장은 곧 편의성 향상을 의미했고, 우

소니의 워크맨. 워크맨은 기능과 편의성에서 혁신을 일으켰다.

리는 실생활에서 편의성을 구매의 가장 중요한 요인으로 여겼다.

편의성의 증가는 일반적으로 기술의 발전을 통해 이루어진다. 기술의 발전은 '원하고 있었지만 이제껏 불가능했던 일'을 가능하게 만든다. 즉, 인간이 바라는 욕구를 실현시켜준다. 기술이 개발되어 꿈꿔오던 일들이 가능해지면 우리는 그것을 돈을 주고 구입했고, 많은 회사가 그렇게 돈을 벌었다. 그래서 기업 활동에 있어 가장 중요한 일은 곧 '기술 개발'로 여겨졌다.

그런데 최근에는 제품들, 그리고 기업들 간에 기술 격차가 점점 줄어들고 있다. 스마트폰의 성능만 봐도 그렇다. 기술적인 부분, 즉 CPU, 디스플레이, 배터리, 카메라 등의 성능은 요즘 미국 제품이나 한국 제품, 심지어는 중국 제품까지도 별반 차이가 없다. 몇 년 전까지만 해도 제품들 간의 기술 차이가 매출의 차이로 직결되었다. 그런데 이제는 기술 격차가 사라지고 그에 따라 편의성의 격차도 없어지면서 '싼 가격'이나 '품격' 등의 다른 요인이 구매를 결정하는 요소로 작용하기 시작했다. 즉, 이제 기업은 고상함과 품격을 가진 제품을 만들거나, 혹은 가격 경쟁력을 갖춘 싼 제품을 만들어야만 살아남을 수 있다. 그런데 값싼 제품을 만드는 일도 쉽지는 않다. 값싼 제품의 시장은 경쟁이 너무 치열하기 때문에 이윤이 거의 남지 않고, 그간 쌓아온 고급 이미지를 깎아내릴 수 있기 때문이다. 더불어 가격을 낮추는 일은 부가가치를 줄인다. 기술 격차의 감소로 부가가치를 높이는 게 어렵다면 다른 요인, 즉 '품격'의 격차로 부가가치를 높여야 한다. 눈에 보이는 기술이나 양적인 요소로 가치를 높이는 시대는 지났다. 부가가치는 사람들이 구매하고 싶은 '매력'에서 나타나는데, 기술적으로 향상된 스펙은 매력의 증가와 무관할 수 있고, 요즘은 그 힘을 잃어가고 있다.

이제 거의 모든 기업들이 자신들의 제품만이 가진 고유한 품격을 만들기 위해 디자인에 무척 애를 쓴다. 최근에는 제품 간에 디자인 수준의 격차도 많이 줄어들었다. 중국산 제품의 디자인이 날로 향상되고, 우리나라 자동차의 디자인도 과거에 비해 매우 훌륭해졌다.

인문학적인 품격의 요인은 디자인에도 반영될 수 있다. 훌륭한 디

'황제의 차'로 대변되는 최고급 자동차 벤틀리에 내장된 아날로그 시계. 최첨단 고급 자동차에 아날로그 시계를 넣어 클래식한 품격을 높였다.

자인은 단지 아름다운 형태뿐만 아니라 철학적·사회적·역사적·종교적·예술적 의미와 스토리가 융합되어 있는 것을 말한다. 예를 들어, 제품에 '귀족이 사용하는 물건'이라는 이미지를 투영하고 싶다면 과거 귀족들의 생활양식과 그들이 선호했던 그림, 패턴을 참고하면 된다. 종종, 최고급 자동차 내부에 디지털이 아니라 아날로그 시계가 달려 있는 모습을 본 적이 있을 것이다. 뿐만 아니라 속도와 RPM을 보여주는 방식도 디지털이 아니라 아날로그가 대부분이다. 자동차의 계기판은 시안성이 중요한데, 왜 불편한 아날로그를 사용했을까? 이는 대량 생산되는 디지털과 달리, 장인의 손을 거친 듯한 아날로그만의

'품격'을 드러내기 위해서이다. 이렇듯 품격은 기술이나 실용성을 무시하게 만들 수도 있다.

　　디자인과 관련해 품격의 다른 방식을 살펴보자. 기아자동차는 디자인에서의 열세를 만회하기 위해 2006년 세계적인 자동차 디자이너 피터 슈라이어Peter Schreyer를 최고 디자인 책임자로 영입했다. 그리고 그 결과는 꽤나 성공적으로 보인다. 그를 영입한 이후 기아자동차 디자인의 변화 중 가장 눈에 띄는 부분은 다양한 차종에 동일하게 적용되는 기아자동차만의 '공통된 정체성'을 부여한 일이다. 이전에는 같은 기아자동차라고 해도 일관성 있고 고유한 디자인 정체성을 발견하기 어려웠다. 그런데 기아자동차에서 '호랑이 코 모양 그릴'이라는 고유의 정체성(패밀리룩)을 부여하고 나니, 우리나라뿐만 아니라 국제 시장에서도 기아자동차에 대한 호감도가 늘어나고 매출도 상승했다.

　　사람들이 기아자동차에 호감을 가지게 된 원인이 '호랑이 코' 모양에 대한 선호 때문이었을까? 그보다 더 중요한 요인은 바로 '고유한 정체성'을 부여했다는 점일 것이다. 앞서 인문학은 순수성을 추구하고 기회주의를 배격한다고 했다. 고유한 공통성 없이, 그때그때 다른 디자인을 만들어내는 것은 기회주의적으로 보일 수도 있다. 반면에 어떠한 자동차를 만들든지 고유한 전통을 고수하겠다는 마인드, 앞으로도 그럴 것이라는 의지는 그와 반대되는 순수성의 추구다. 명품 핸드백이나 의류, 시계가 고유한 문양이나 특징으로 전통을 고수하는

기아자동차는 피터 슈라이어 사장을 영입한 후 전면 라디에이터 그릴을 '호랑이 코' 모양으로 모두 통일
시켜 완벽한 패밀리룩을 완성했다.

일 역시 순수성의 추구이다. 그러한 기업의 태도가 높은 품격과 호감
을 만들고, 그 제품이 소비자들에게 '명품'이라는 이미지를 심어준다.

  '장인정신' 역시 명품을 만드는 요건 중 하나다. 명품의 '급級'이 높
아질수록 '장인匠人'이 수작업으로 만드는 비율이 높아진다. 즉, 소비
자들은 장인의 이미지가 깊게 배어 있을수록 품격이 높다고 생각한
다. 여기서 품격 있는 장인을 만드는 조건은 무엇일까? '뛰어난 손기
술'만으로는 부족하다. 오히려 장인이 가진 '정신'과 '태도', 즉 제품을
향한 순수성이 핵심이다. 사실 수작업이 아닌, 기계로 찍어내는 제품
에도 그러한 장인정신이 깃들게 할 수 있다. 세계적으로 추앙받는 예
술가 앤디 워홀Andy Warhol은 자신의 작업실을 '공장(factory)'이라 이름
붙이고, 판화기법(실크스크린)을 이용해 작품을 대량으로 찍어냈다. 그

명품 시계 브랜드 롤렉스(ROLEX). 롤렉스는 스마트워치와의 기술 경쟁에 대한 전망으로 "우리의 시계에는 특별한 정신이 깃들어 있다. 전통적인 노하우, 장인정신, 전문 기술, 아주 작은 부분도 놓치지 않는 섬세함이 그것이다."라고 자신만의 우월감을 그려냈다.

림의 내용도 흔한 대중 상품이었다. 이는 대량 생산과 품격이 조화될 수 있다는 메시지로 볼 수 있다. 나중에 살펴볼 예로 스티브 잡스 역시 장인정신과 품격을 대량 생산에 적용한 바 있다.

2010년을 전후해서 명품 시계 회사들이 일제히 제품의 가격을 크게 올렸다. 그 이유는 세계적으로 명품 시계에 대한 수요가 폭증했기 때문이다. 우리나라도 얼마 전부터 명품에 대한 수요가 확실히 늘어났다. 이제 소비자들은 동일한 기능을 가진 제품이라도 더 품격이 높은 제품과 서비스에 돈을 지불한다. 단지 비싼 재료를 쓰고, 적은 양만 생산하고, 가격만 비싸게 책정한다고 해서 품격이 높아지는 것은 아니다. 제품 혹은 서비스를 향한 절대적인 고상함과 순수성을 추구할 때 품격과 고상함, 하이퀄리티를 갖출 수 있다.

| 품격과 감성의 시대를 열다 : 스티브 잡스와 애플 |

애플, 특히 애플의 정신적 지주이자 창업자인 스티브 잡스는 인문학을 제품 개발과 경영에 적극적으로 융합시킨 사례로 잘 알려져 있다. 스티브 잡스는 공개 강연에서 애플의 철학은 '기술과 인문학의 교차점에 위치하는 것'이라는 말을 한 적도 있다. 이러한 일화는 많이 알려져 있지만, 정작 그가 인문학을 어떻게 산업에 응용했는지를 아는 사람은 별로 없다. 애플의 제품만 보아도, 도대체 어디에 인문학적

애플의 제품이 '기술과 인문학의 교차점'에 있다고 말한 스티브 잡스. 세상을 움직이는 것은 '기술'이 아 닌 '사람'이며, 유용한 기술을 만드는 것보다 사람이 어떻게 효과적으로 기술을 쓰는지가 더 중요하다는 것을 스티브 잡스는 정확히 알고 있었다.

소양이 녹아 있는지를 알아채기란 어렵다. 그러나 분명 애플의 제품에는 인문학이 녹아 있고, 그것이 애플의 매출을 높이고 있다. 인문학과 관련된 많은 요인들이 있겠지만, 여기에서는 주로 '품격'에 관해 살펴보기로 하자.

애플과 인문학의 깊은 연관성은 스티브 잡스의 일화에서도 엿볼 수 있다. 일단 스티브 잡스는 리드 칼리지Reed College 철학과 출신이다. 그가 인문학, 그중에서도 철학을 전공했다는 건 의외로 많은 사람들에게 알려져 있지 않다. 그는 인문학을 전공했고, 컴퓨터에 관한 이공계적 지식은 부수적으로 공부했다. 비록 대학을 중퇴하기는 했지만, 그 이후에도 캘리그라피(서체 디자인) 과목을 비롯한 여러 강의를 청강했다. 취직을 한 후에도 약 7개월 동안 인도 여행을 떠났고, 그 영향으로 불교에 심취하기도 했다. 스티브 잡스의 이력을 보았을 때, 그는 이공계 공부보다는 인문학 공부를 더 좋아했다는 것을 알 수 있다.

스티브 잡스는 "소크라테스와 한나절을 보낼 수 있다면 애플이 가진 모든 기술을 내놓겠다."라는 말을 한 적이 있다. 그는 왜 이런 말을 한 걸까? 과연 소크라테스와의 만남이 얼마나 대단한 가치가 있기에 이런 무모한 이야기를 했을까? 여기서 알 수 있는 점은 그가 진정으로 인문학에 심취했고, 그로 인한 인문학적 '순수성'을 추구하고 있었다는 점이다. 즉, 그에게 있어 인문학적 가치에 대한 순수한 열정은 애플이 가진 모든 기술보다도 중요했다.

스티브 잡스의 인문학적 태도는 특별한 제품을 만드는 데 기여했다. 애플은 사람에 대한 깊은 이해를 통해 매뉴얼 없이도 이용할 수 있는 직관적인 스마트폰을 개발해냈다. 사람을 이해하는 것, 그것이 애플을 탄생시킨 힘이었고 그는 인문학적 목표를 가장 중요하게 여기는 순수성을 가진 사람으로 추앙받는다.

이러한 스티브 잡스의 인문학적 소양은 '장인정신'과 '높은 품격에의 추구'로 나타난다. 어느 날 그는 작업 현장을 지나가던 중 맥북의 내부 배선이 지저분하게 얽혀 있는 것을 발견했다. 그는 이를 깨끗하게 만들라고 지시했는데, 한 직원이 아무도 보지 않는 내부를 왜 그렇게 정리해야 하는지 모르겠다며 불만을 토로했다. 그러자 스티브 잡스는 "내가 봤으니까 그걸 다시 만들어야 해."라며 단호하게 직원을 꾸짖었다. 그러고는 이렇게 덧붙였다. "최대한 아름답게 만들어야 해. 박스 안에 들어 있다 하더라도 말이야. 훌륭한 목수는 아무도 보지 않는다고 장롱 뒤쪽에 저급한 나무를 쓰지 않아." 효율성만 따지면 굳이 눈에 보이지 않는 부분을 잘 만들 필요가 없다. 하지만 스티브 잡스에게는 효율성이나 겉으로 보이는 것보다는 어떤 절대적 가치에 대한 순수한 추구가 더 중요했다. 이는 마치 시스티나 성당의 벽화를 그린 미켈란젤로를 떠올리게 한다. 까마득히 높은 천장의 한 귀퉁이를 붓질하고 있을 때, 작업장을 찾은 미켈란젤로의 친구는 이렇게 물었다. "잘 보이지도 않는 구석까지 뭘 그렇게 정성을 들이나?" 미켈란젤로는 이렇게 대답했다. "그거야 내가 알지!" 스티브 잡스와 미켈란젤

미켈란젤로가 그린 시스티나 성당 천장 벽화의 일부.

로는 기회주의적이지 않았고, 자신만의 순수한 목표가 최우선이었다.

　　스티브 잡스는 시장 조사를 하지 않는 것으로도 유명하다. 기업에서 잘 팔리는 물건을 만들기 위해서는 시장 조사를 해서 사람들의 수요와 욕구를 미리 파악하는 일이 중요할 텐데, 그는 왜 하지 않았을까? 사실 창조적인 제품은 시장 조사에 의해 만들어지기 어렵다. 창조적인 제품은 대개 '제작자가 만들고 싶은 것'이다. 그리고 그것이 만들어지기 전에 사람들은 이를 예상하거나 상상하지 못한다. 소비자의 선택을 많이 받기 위해서는 창조적인 제품이라도 시장 조사를 하

애플의 제품 출시 이후 스토어에서 직접 체험해보는 사람들. 월스트리트저널에 따르면, 2015년 1분기 애플은 전체 스마트폰 수익률의 92퍼센트를 차지했다.

는 게 좋을 수 있겠지만, 그는 '진정으로 자신이 원하는 제품'을 만들고 싶어 한 것으로 보인다. 그런데 어떻게 그는 자신의 주관대로 만든 제품으로 사람들의 마음을 사로잡을 수 있었을까? 이는 지극히 사람, 즉 소비자를 읽는 '심미안'을 가졌기 때문이다. 더불어 그의 인문학적 소양이 '절대적 방향'을 알려주었기 때문이다.

장인은 보통 전통적인 제품을 만드는 사람을 일컫지만, '장인정신'은 첨단 제품에도 투영될 수 있다. 스티브 잡스는 첨단 제품의 장인이었고, 장인정신으로 인해 고집스럽고 독단적인 모습을 보이기도 했다. 물론 그의 장인정신은 심혈을 기울여 제품을 만들게 하고 품질 좋은 제품을 탄생시키는 계기가 되었지만, 그밖에 또 다른 영향력을 발휘하기도 했다. 스티브 잡스의 장인정신과 그러한 태도가 소비자들에게 알려지면서 그가 가진 '아우라'와 '이미지'가 판매에 좋은 영향을 미쳤던 것이다. 아마도 미국에서는 스티브 잡스의 이러한 이미지 덕분에 매출에 상당한 도움을 받았을 것으로 생각된다. 우리나라에도 유사한 예가 있다. 많은 사람에게 삼성과 삼성전자의 제품은 품격이 높다고 인식되는데, 그 이유 중 하나는 삼성 오너 일가의 '품격' 때문이다 (물론 여기에는 디자인, 품질, 신뢰와 같은 여러 가지 요인이 있다). 삼성의 창업주 이병철 선대 회장은 인문학을 중시한 것으로 유명하다. 손자 이재용 삼성전자 부회장이 인문학을 전공하기를 바랐고, 그 뜻에 따라 이재용 부회장은 동양사학을 전공했다. 삼성의 오너 일가가 미술과 예술에 애정을 쏟는다는 사실도 잘 알려져 있다. 즉, 삼성을 이끄는 사람들의 고품격 이미지는 삼성의 제품에 그대로 투영된다. '이미지'는 단순히 환상으로 치부할 수는 없다. 인문학적 소양으로 인한 아우라는 거짓이나 허상과는 거리가 멀다. 제작자의 고상한 태도와 정신이 그가 만든 제품 안에 살아 있고, 그 제품을 선택한 사람들도 정신을 공유함으로써 덩달아 고상함이 증대될 수 있기 때문이다.

애플은 최근까지도 높은 가격 정책을 고수하고 있지만, 그럼에도 여전히 제품들은 불티나게 팔리고 있다. 그에 따라 회사의 이윤은 다른 동종 기업들에 비해 월등히 높다. 애플은 얼마 전, 손목에 차는 웨어러블wearable 기기인 '애플워치'를 출시했다. 동류의 제품을 만드는

애플워치. 애플은 사람들이 품질의 문제를 눈치챌 정도를 훨씬 넘어서까지 제품에 공을 들이고, 동시에 필요 이상의 수준인 제품을 만들기 위해 노력한다. 이는 단순한 전자제품이 아닌, 인문학적인 고상함을 담은 명품을 만들고자 하는 의지이다.

삼성이나 LG와 비교해보았을 때, 조금은 늦은 출시였다. 아마 경쟁 기업들은 '속도'와 '선점'이 중요하다고 생각했을 것이다. 그러나 애플은 속도를 중요하게 여기지 않았다. 이는 IT 분야에서의 럭셔리 브랜드를 공고하게 하고, 하이엔드high-end 패션으로 넘어가려는 시도로 해석할 수 있다. 실제로 구글 벤처스의 MG시글러 파트너는 "문제는 애플워치 그 자체가 아니다. 워치가 무엇을 의미하느냐는 것이다. 새로운 애플은 기능만큼이나 패션에도 신경을 쓰고 있다. 이것은 더 이상 '기술과 인문학의 갈림길'이 아니다. 이는 '기술과 인문학, 그리고 패션'으로 3분화된 조너선 아이브Jonathan Paul Ive의 삼지창이다."라고 말하기도 했다.1) 여기서 말하는 '패션'이란 고급 패션 브랜드의 이미지를 말한다. 고급 브랜드 시계가 고유한 가치로 인해 몇 십 년 동안 시장을 유지하는 것처럼, 애플은 타사 제품과 기능적인 측면에서 큰 차이가 없을지 몰라도 인문학적 시각에 바탕을 둔 브랜딩 전략을 취했다. '명작'을 만들기 위한 '장인정신'이 돋보이는 결정이었다.

인문학적 소양이나 장인정신이 담긴 제품이 처음 출시되면 그것을 알아보고 선호해하는 사람은 소수일지도 모른다. 그러나 높은 품격은 점차 주변 사람들을 설득하고, 그것은 곧 유행으로 번질 가능성이 크다. 기업 입장에서는 자신들의 제품이 '유행'이 되는 것만큼 좋은 일도 없을 것이다. 유행은 대개 '감성'에 의해 퍼져나가고, 그 제품에 대한 합리적 판단보다는 '주변에 휩쓸려서' 따라 하는 경향으로 볼 수 있다. 더불어 유행은 단지 주위 사람을 따라 하는 것이 아니라, 심미안이나 인문학적 소양이 있는 사람의 의견을 따르는 것이다.

애플의 제품이 세계적으로 유행하고 있는 이유는 사람들의 '감성'을 자극했기 때문으로 볼 수 있다. 다니엘 핑크Daniel Pink가 2005년에 쓴 『새로운 미래가 온다Whole new mind : why right-brainers will rule the future』는 미래의 유망한 인재상을 그린 책이다. 다니엘 핑크는 이 책에서 21세기를 '하이컨셉'과 '하이터치'의 시대로 정의했다. 여기서 하이컨셉은 '이미지' 또는 '의미'와 관련이 크고, 하이터치는 '공감'과 관

---

1) 「애플은 왜 럭셔리에 집착하나」, 전자신문, 2015.03

세계적인 미래학자 다니엘 핑크. 그는 『프리에이전트의 시대』, 『새로운 미래가 온다』, 『드라이브』 등의 저서를 통해 이성 중심인 산업화, 정보화 시대가 끝나가고, 감성과 창의성이 더 중요해지는 시대가 오고 있다고 말한다.

련이 크다. 한마디로 그가 21세기 전략으로 가장 중요하게 여긴 것은 '감성'이다. 그리고 이는 '제3의 물결' 이후의 시대를 전망한 것이다. 즉, 농경시대, 산업시대, 지식시대(정보화시대) 이후에는 '하이컨셉'과 '하이터치'의 시대가 된다고 보았다. 그리고 이는 인재의 조건의 변화를 의미한다. 정보화시대에 유능한 근로자는 이성을 주로 담당하는 '좌뇌'형 인간이라면, 21세기의 유능한 근로자는 감성이 주로 처리되는 '우뇌'형 인간이다.2) 비록 그 책에서는 인문학에 관한 이야기는 직접적으로 다루지는 않았지만, 감성과 관련된 '디자인', '스토리', '조화', '공감', '놀이', '의미'라는 키워드에 대해 집중적으로 설명하고 있다. 소비자의 감성을 자극할 수 있는 제품을 만드는 인재가 유망하다는 건 최근에 많은 사람들이 동의하고 있다. 그런데, 그런 인재가 어떠한 인재인지에 대해서는 설명이 좀 더 필요해 보인다. 그것은 '예술', '창의성' '공감'과 관련이 있기도 하지만, 좀 더 크게 보면 인문학과 관련이 있다.

제품과 브랜드의 품격을 높이기 위한 기업 전략 제안

· 고상한 목표를 위한 고집스러운 태도를 가져라
· 소비자에게 기회주의적이라는 인식을 심어주지 말고, 고상한 가치에 대한 순수성과 절대성을 추구한다는 점을 알려라
· 제품을 만드는 주체(제작자)가 인문학적 소양이 있는 사람 혹은 장인이라는 점을 어필하라
· 작은 것 하나에도 심혈을 기울여라
· 성급하고 빠르게 제작하기보다는 꼼꼼하고 오래 준비하라
· 문화와 예술에 두루 관심을 기울여라

---

2) 참고로 감성은 우뇌에서만 나온다기보다는 양쪽 뇌에서 나오는데, 주로 뇌의 깊숙한 안쪽 부분에서 발현된다. 다만, 이성적 처리가 좌뇌에 편중된 것에 비하면 감성적 처리는 상대적으로 우뇌를 많이 쓴다.

4장

인문학적 소양 2
윤리와 도덕성

| 인성이 능력이 되는 시대 |

얼마 전 우리나라에서 '갑甲의 횡포'가 사회적 이슈가 된 적이 있다. 일반적으로 계약서에서 쓰는 '갑'이라는 용어는 보통 더 큰 권력을 가진 쪽을 의미하고, '을乙'은 상대적으로 더 낮은 권력을 의미한다. 이 때문에 을은 갑이 비도덕적인 횡포를 부려도 서러움을 참을 수밖에 없는 경우가 많다. 하지만 그러한 일은 당하는 을뿐만 아니라 다른 사람들에게도 분노를 일으킨다.

그런데 갑의 횡포가 최근에 유독 빈번해진 것은 아니다. 오히려 과거에는 지금보다 더 심한 경우가 많았다. 현재 우리 사회가 과거에 비해 부패가 줄었고, 좀 더 투명해졌기 때문이다. 사회가 전체적으로 도덕성을 회복할수록 기존에 관행처럼 여겨졌던 부도덕한 일들이 더욱 두드러지게 마련이다. 게다가 요즘은 사회 곳곳을 감시하는 언론의 수가 많아졌고, 인터넷이 발달되어 하나의 작은 부도덕한 사건이 눈덩이처럼 커다란 여론의 폭풍을 몰고 오는 경우도 생겨났다. '막말'을 함부로 해도 사회적 이슈가 되고, 여론의 재판을 받을 수도 있다.

최근 우리 사회에 일어난 사건들을 떠올려보자. 대기업의 높은 임원이 호텔 종업원에게 막말을 한 사건, 식품회사 대리점에서 소매업자에게 물건을 떠넘기며 협박을 가한 사건, 마트에서 손님이 종업원에게 욕설을 한 사건 등이 사회를 떠들썩하게 만들었다. 모 항공사에서 일어난 오너 일가의 이른바 '땅콩회항' 사건은 국제적으로 보도가 되어

망신을 당하기도 했다. 그런가 하면, 한 호텔의 대표이사가 호텔 정문을 들이받은 택시기사에게 피해액을 면제해주고 온정의 손길을 베풀어준 사례는 '노블레스 오블리주Noblesse oblige'로 평가받으며 해당 기업의 이미지를 더욱 좋게 만들어주기도 했다.

기업과 관련한 부도덕 행위는 법적인 처벌을 넘어 심각한 이미지 손상과 매출에 직접적인 손해로 이어질 수 있다. 즉, 정치인과 같은 공인들만 도덕성에 사활을 걸어야 하는 것이 아니다. 이제는 기업인들, 심지어 종업원이나 일반 비즈니스맨들도 도덕성을 함양하도록 노력해야 한다. 기업의 도덕성은 결국 '기업 구성원들(사람)의 도덕성'으로부터 비롯되기 때문이다. 기업 구성원들이 부도덕한 사건을 저지르면 기업 이미지에 타격을 주기도 하지만, 선행을 하면 기업 이미지를 더 좋게 만들 수 있을 뿐 아니라 매출까지도 끌어올릴 수 있다.

앞에서 언급했듯이, 기술과 편의성의 격차가 점점 줄어들면서 이제는 기술 외의 다른 요인들이 기업의 성패를 결정짓고 있다. 그중 하나가 바로 '도덕성'이다. 미국의 세계적인 미래학자인 제레미 리프킨Jeremy Rifkin을 비롯한 많은 미래학자들은 점차 사회적 기업과 NGONon-Governmental Organization 단체가 많아지고, 그 영향력이 커질 것이라고 전망한다. 여러 가지 원인이 있겠지만, 가장 큰 요인은 사람들이 '도덕성'에 민감하게 반응하기 때문이다. 사회적 기업과 NGO는 어려운 사람들을 돕는, 공익을 위한 활동을 주된 목적으로 한다. 그

미국의 미래학자 제레미 리프킨. 그는 공공과 민간의 장점이 창의적으로 결합된 제3섹터를 확대하는 것이 노동의 종말 현상에 대응하는 중요한 방안이라고 주장한다. 사회적 기업, 협동조합, 마을기업 등이 제3섹터의 전형적인 예다.

것은 도덕적으로 보아 매우 좋은 일이다. 대부분의 기업이 공익적인 목적을 갖기는 어렵겠지만, 그와 비슷한 일을 많이 하는 회사는 사람들에게 칭송받고 사랑받을 것이다.

도덕성은 단지 선행을 하는 모습을 의미하지는 않는다. 기업에 필요한 도덕성이란 '좋은 인성'이라고도 할 수 있는데, 직원들의 인성은

스타벅스 코리아의 CSR(Corporate Social Responsibility) 활동. 세계 커피 농가를 돕거나, 환경의 날을 맞아 종이컵 대신 텀블러를 무료로 나누어주는 등의 활동을 통해 기업의 평판을 높이고 고객의 구매의도를 높인다.

겉으로는 잘 보이지 않지만 기업의 추진력과 성공을 위해 커다란 역할을 한다. 그래서 경영자들은 직원을 채용할 때도 인성을 매우 중요시여기고 있다.

실제로 취업포털 '사람인'에서 2014년에 226개의 회사를 대상으로 설문조사를 한 결과, 채용을 할 때 가장 중요하게 평가하는 요인으로 71.9퍼센트가 '인성'을 뽑았다. 그다음으로 49.7퍼센트가 직무관련 지식 또는 수행 능력이 중요하다고 답했다. 이 설문지에서 인성이란 '책임감, 원만함 등의 인성적 요소'라고 폭넓게 쓰여 있었지만, '사회성'보다

는 '도덕성'과 더 관련이 있는 것으로 해석된다.[3]

구직자들 입장에서 이 설문의 결과는 예상외로 납득하기 어려울 수도 있다. 많은 구직자들은 여전히 스펙 같은 객관적 요인을 취업에 있어 가장 중요한 요소로 생각하기 때문이다. 물론 스펙도 필요하겠으나, 경영자들 입장에서는 사원들의 인성과 도덕성을 매우 중요하게 여기고 있는 것은 분명해 보인다. 왜 그럴까?

사실 생각해보면 이는 매우 당연한 일이다. 도덕적인 사람은 정직하고 약속을 잘 지킨다. 그리고 다른 사람을 이해하고 배려할 줄 알기 때문에 조직의 안정과 화합에 도움이 된다. 이기심보다는 공동의 이익을 위하는 마음이 크므로 기업의 발전을 위해 보다 열심히 일할 것이고, 사적 목적을 위해 기업을 배반하는 일도 없을 것이다. 특히 재무를 담당하는 부서나 금융기업의 경우에는 횡령의 위험도 있기 때문에 더더욱 직원의 도덕성을 강조한다. 이런 점을 생각해보면 여론의 힘이 커지고 기업의 이미지가 중요해진 현대 산업사회에서 인재의 도덕성이 얼마나 중요한지 알 수 있다. 실제로 미래학자 최윤식과 김건주가 쓴 『2030 기회의 대이동』에서는 미래 인재의 조건을 설명하면서, "결국 인성이 능력이 되는 시대가 올 것이다."라는 말을 하기도 했다. 인성은 분명 기업의 입장에서 중요한 능력임에 틀림이 없다. 다만, 눈에 띄는 다른 능력들에 비해 그 객관적인 측정 방법이 없어서 능력처럼 보이지 않았던 것뿐이다.

---

3) 같은 설문조사 항목 중 사회성과 관련하여 '입사의지, 조직관련 태도(37.8%)', '사교력, 포용력 등의 사회성(27%)' 항목이 따로 있었다.

사회 구성원들의 도덕성과 인성은 거시 경제적 측면에서 '사회적 자본'이라 불린다. 예를 들어, 어떤 사람이 지갑을 잃어버렸는데 그대로 주인에게 돌아올 확률이 높은 사회는 사회적 자본이 높다고 평가할 수 있다. 사회적 자본은 국가 경제가 성장하는 디딤돌이고, 그런 점에서 '자본'이라 할 수 있다. 기업 구성원들의 도덕성과 인성 역시 '기업을 성장시키는 자본'이 될 수 있다.

　그런데 '도덕성'은 상당히 애매한 개념이다. 기업에게 필요한 좋은 인성이 도덕성과 관련이 큰 것 같은데, 우리가 생각하는 도덕적인 사람의 이미지는 다소 고리타분하고, 심지어는 '바보' 같기 때문이다. 그런데 도덕성이 어떻게 기업의 성공에 중요한 요인으로 작용할 수 있을까? 그래서 이제부터는 첫째로 인문학이 정말로 인성과 도덕성을 높이는 데에 얼마나 도움이 되는지를 알아보고, 둘째로 도덕성이 돈을 버는 일, 즉 실용성과 얼마나 조화될 수 있는지를 다양한 기업 사례를 통해 확인해볼 것이다.

| 인문학은 어떻게 도덕성을 높이는가 |

　인문학을 공부하는 일이 개인의 도덕성을 높이는 데에 도움이 된다고 말하면 다소 생소하게 생각하는 사람도 있을 것이다. 도덕성이란 개인 성격의 일부분이다. 그리고 성격은 '선천적'이라고 알려져 있다. 물론 그러한 논리 역시 사실이지만, 인문학 공부가 도덕성을 증가시키는 것도 사실이다. 다만 도덕성은 '습관'과 같기 때문에 변화가 점진적이어서 성격처럼 느껴질 뿐이다. 그리고 인문학을 공부하면 '후천적'으로도 도덕성을 키울 수 있다.

인문학은 단지 역사나 철학 지식을 습득하는 게 아니라, 개인의 내면 능력을 향상시키고 '교양 있고 덕스러운 사람'으로 성장시킨다. 인문학, 즉 고전을 배우는 것의 궁극적인 목표는 고대에서부터 지금까지 일관되게 이어져왔다.

인문학은 전통적으로 '진(진리)', '선(도덕)', '미(아름다움)'를 추구해왔다. 학문이 점차 발전하고 세분화되면서, 진리는 자연과학에서도 다루고, 아름다움은 미술에서도 다루지만, 도덕은 인문학 이외에서는 다루지 않는다. 그래서 현대의 인문학이야말로, 다른 학문과 비교해봤을 때 도덕성에 대한 공부가 특화되어 있다고 볼 수 있다.

유교(유가철학)는 철학적으로 봤을 때에도 특히 '윤리'나 '도덕'을 중시하는 사상이었다. 공자는 춘추 전국 시대에 도덕과 인륜이 무너지는 것을 경험하면서, 인간의 도덕성을 회복시키려는 목적으로 유교를 창시했다. 유교가 가르치는 가장 중요한 네 가지 덕목은 '인', '의', '예', '지'이다. 인은 '사람을 사랑함'으로 해석할 수 있고, 의는 '정의', 예는 '사회에서 지켜야 할 예법', 지는 '지혜'를 가리킨다. 이 모든 것을 알면 도덕성을 키우는 데에 도움이 되지만, 그중에서도 공자는 특히 도

공자. 혼란스러웠던 춘추 전국 시대에 사람들이 따라야 할 도덕과 예의범절을 제시한 '유학'의 창시자이다. 유교는 현재도 동아시아 사람들의 의식과 문화에 커다란 영향을 미치고 있다.

덕성 그 자체인 '인'을 가장 중요한 덕목으로 보았다. 더불어 우리에게 경제학자로 잘 알려져 있는 애덤 스미스는『국부론』에 앞서 저술한『도덕감정론The Theory of Moral Sentiments, 道德感情論』에서 "무한 이기심 추구는 제한되어야 한다."라고 말하며, 경제학에서의 도덕이 반자본주의적 사상이 아닌 '기본'이라고 주장하기도 했다. 애덤 스미스는 본래 대학에서 도덕 철학을 가르치는 교수였고, 인간의 도덕성과 자신의 이익을 위한 경제관념이 사회적으로 조화를 이룰 수 있다고 보았다.

그러면 인문학이 아닌 다른 학문은 도덕성을 높여주지 못할까? 안타깝게도 그런 것 같다. 모든 학문에 인문학적 요소가 조금씩 담겨있지만, 그 부분을 빼내고 생각해보면 이해할 수 있다. 자연과학 그자체는 진실과 진리를 탐구하지만 그것이 어떻게 사용되는 게 올바른지, 우리가 어떤 방향으로 나아가야 하는지에 대한 '규범'은 다루지 않는다. 또한 기술이나 경영, 경제학도 마찬가지다. 규범은 순수하게 철학적인 문제이므로, 다른 학문에서 인문학을 결합하지 않고서는 배우기가 어렵다. 물론, 법학은 규범과 상당한 연관이 있지만, '법규'는 도덕적인 규범과는 조금 거리가 있다.

인문학 공부가 도덕성을 증가시키는 원리는 크게 두 가지 측면에서 이야기할 수 있다. 첫 번째로 인문학은 '공부 방식' 때문에 도덕성을 증가시킬 수 있다. 여기서 말하는 인문학의 공부 방식은 다름 아

닌 '책'을 많이 읽는 것이다. 인문학을 제대로 공부하기 위해서는 양적

으로도 책을 많이 읽어야 하고, 깊이 있게 읽기도 해야 한다. 이에 관

해서는 하버드 대학교 인지과학 교수인 스티븐 핑커Steven Pinker의 저

스티븐 핑커. 인지과학계의 슈퍼스타로 불릴 법한 그는 심리학, 언어학, 생물학, 인류학 등 다양한 분야
에서 두각을 나타내고 있다.

서 『우리 본성의 선한 천사The Better Angels of Our Nature』에 잘 설명되어 있다. 빌 게이츠Bill Gates와 마크 주커버그Mark Zuckerberg의 전폭적 지지를 받은 이 책은 인간의 선함과 악함에 대해 다루었는데, 인간의 본성은 선한 면도 있고 악한 면도 있지만 후천적인 계기로 인해 변할 수 있다고 주장한다. 이에 관해 엄청난 양의 증거 자료를 제시하면서, 먼 옛날 선사시대부터 중세시대까지의 사람들은 매우 폭력적이었고 악한 일을 하는 것에 대해 별다른 죄책감을 느끼지 않았다고 분석한다. 과거에는 노예나 동물에 대한 학대 행위를 구경하며 이를 유희로 받아들였다는 말이다. 그러나 현대의 사람들은 그렇지 않은데, 스티븐 핑커는 "역사가 발전할수록 점차 사람들의 도덕성이 개선되고 있기 때문이다."라고 말했다.

현대 사람들이 과거 사람들에 비해 더 도덕적인 이유는 무엇일까? 스티븐 핑커는 이 책에서 18세기 무렵 유럽 사람들의 도덕성에 '혁명적 발전'이 일어났는데, 그 원인은 사람들의 '관점 전환perspective taking'과 '공감 또는 감정 이입empathy'의 능력이 향상되었기 때문이라 말한다. 여기에서 관점 전환은 '입장을 바꾸어 생각하는 능력'을 의미하고, 공감 또는 감정 이입은 '타인의 감정을 동일하게 느끼는 것, 혹은 감정이 전염되는 것'을 의미한다. 그리고 스티븐 핑커는 근대 시민들의 관점 전환과 공감 능력이 커진 주요한 원인이 바로 '책의 보급과 그에 따른 독서량의 증가' 때문이라고 설명했다. 즉, 그 시기 인쇄 기술의 발달로 책이 대량으로 찍히고 널리 보급되었으며, 시민들의 폭발적

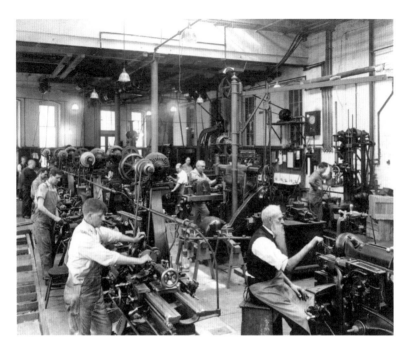

대량 인쇄술의 발달은 책을 널리 보급함으로써 계몽의 증대와 타인의 입장을 헤아리는 도덕성의 향상에 큰 기여를 했다.

인 독서량의 증가가 결과적으로 사람들의 도덕성을 키워주었다는 것이다.4)

어떻게 이런 일이 가능할까? 글을 읽고 내용을 이해하기 위해서는 커다란 상상력과 등장인물에 대한 이해, 감정 이입이 필요하다. 예를 들어 소설을 읽을 경우, 우리는 주인공 또는 등장인물의 관점을 이해하려고 하기 때문에 '관점 전환 훈련'을 할 수 있고, 그들의 감정에 공감하기 때문에 '공감 능력'이 향상된다. 글을 읽는다는 것은 일차적으로 글쓴이나 등장인물의 사상과 생각, 관점을 이해하는 일이다.

---

4) 다만, 스티븐 핑커가 『우리 본성의 선한 천사』에서 궁극적으로 강조한 것은 계몽의 확대(계몽주의)였다.

더구나 책은 시대적·공간적으로 자신의 상황과 굉장히 동떨어진 이야기를 전달한다. 근대의 사람들이 플라톤의 사상을 책을 통하지 않고 어떻게 알 수 있을까? 우리는 책 읽기를 통해 시공간적으로 멀리 떨어져 있는 사람들의 마음을 이해할 수 있고, 공감하게 된다.

영상으로 보고 말로 듣는 것보다 글로 된 책을 이해하기 위해서는 더욱더 적극적인 노력이 필요하다. 더구나 책은 멀리 떨어져 있는 이야기를 전하기 때문에 다른 소통에 비해 꽤 힘든 노력이 필요하다. 친구와 나누는 잡담은 이해하기 쉽지만, 책은 읽기가 어렵고 흥미가 덜한 이유가 그것이다. 책 읽기에 익숙하지 않은 사람이 처음 책 한 권을 다 읽어내기가 어려운 까닭은 멀리 있는 사람에 대한 '관점 전환'과 '공감 능력'이 떨어지기 때문이다.

인문학 공부가 도덕성을 증가시키는 두 번째 원리는 본질적으로 인문학 저변에 깔려 있는 '이상을 향한 순수한 정신'이다. 진정한 인문학적 정신은 기회주의를 배격하고 순수성과 절대성을 추구한다고 말했다. 사실 인문학 공부의 순수한 목적은 단지 입시나 기업 채용 시험에 통과하기 위한 것은 아니다. 그리고 인문학의 순수한 절대적 가치는 높은 고상함과 품격, 가장 올바른 진리와 함께 '최고의 선함'을 추구한다. 고대 철학자들에 따르면 그것은 서로 다른 기준이 아니라 하나의 가치 기준으로 합쳐질 수 있다. 즉, 도덕적으로 가장 올바른 것이 가장 올바른 진리이고, 가장 높은 품격을 가진다. 소크라테스는 평생 도덕 문제에 대한 성찰을 주요 연구대상으로 삼을 만큼 윤리적 문

고대 그리스의 철학자 플라톤. 그는 우리가 항상 '이데아'라고 하는 이상향을 지향하는데, 다양한 이데아들은 절대적인 계층을 이루고 있고, 그 최고의 위치에 '선(善)'의 이데아가 있다고 말했다.

제에 골몰했으며, 자신이 옳다고 생각한 바를 죽음에 처할지라도 지켜내고자 했다. 그의 제자인 플라톤은 최고의 이데아를 '선善'의 이데아로 보았다. 이데아란 우리가 지향해야 할 이상理想이다.

인문학의 순수한 정신은 '이상주의'와 가장 가깝다. 고대 그리스 철학이나 유교를 보면 확실히 그러한 색채를 갖고 있고, 현대에 들어 유물론과 같은 다양한 사상들이 등장하기는 했지만 그래도 인문학은 본질적으로 '이상주의'에 가깝다.

때로는 이상주의가 '비현실적'이라는 의심과 비판을 받기도 한다. 하지만 이상주의는 기회주의와 비교하여 이해해야 옳다. 이상주의적 성향이란 최고의 인격적 가치를 실현하려는 도덕적 지향이고, 이와 반대로 현실에 타협하거나 기회주의적인 태도는 범죄나 부도덕적인 행동을 일으킨다. 영화 「공공의적2」(2005)에서는 교활한 악당이 정의 감이 투철한 검사를 보고 '이상주의자'라고 조롱하는 장면이 나온다. 이상주의자는 이상적인 규범이나 체계가 무엇인지 찾기도 하지만, 그 것에 맞게 '행동'하려고 한다. 그래서 사회의 정의와 도덕적 가치에 맞 는 행동을 하려고 하고, 양심에 어긋나는 행위를 하지 않는다.

다만, 이상주의의 문제점으로 '잘못된 이상'을 고집하는 경우가 생 길 수도 있다. 절대성에 대한 추구와 이상주의가 잘못 적용되면 자신 의 생각이 절대적으로 올바르다고 믿는 부작용이 나타나는 경우도 있 다. 하지만 인문학에는 잘못된 이상에 빠지지 않도록 하는 방지 장치 가 있다. 인문학은 텍스트를 믿고 신봉하라고 가르치지 않고, '비판' 하라고 가르친다. 소크라테스가 "너 자신을 알라."라고 했듯이, 겸손 한 자세로 자신의 부족한 점을 깨닫고 배우려고 하는 자세는 인문학 의 기본 태도이다. 더구나 요즘 시대에는 인문학을 공부하면서 잘못 된 사상의 악영향에 빠질 불안감을 가질 필요가 없다. 현대의 인문학 은 그동안 역사적으로 수많은 시행착오를 거치면서 잘못된 사상을 대 부분 걸러냈기 때문이다. 예를 들어, 조선시대의 남존여비男尊女卑 사 상이나 고대 그리스의 노예제도에 대한 인정은 우리가 공부하는 인문 학에서 거의 자취를 감추었고, 비판의 대상이 될 뿐이다.
　인문학은 그 자체만으로 '인간 또는 인간성에 대한 사랑'을 함의한다. 그것은 도덕과 윤리를 사랑하는 것과 같다. '인도주의Humanitarian-ism'라는 말이 도덕성을 의미하는 것만 봐도 그렇다. 그래서 인문학을 좋아한다는 것은 본질적으로 인간성에 대한 사랑을 뜻하고, 인도주의적 태도에 가까워진다는 사실을 의미한다.

인문학의 가치를 중시한 리더 중 한 명인 교세라Kyocera Corporation, 京セラ株式会社의 이나모리 가즈오いなもり かずお 명예회장은 '일을 잘하는 방법'이 아니라 '왜 일하는가'에 대해 끊임없이 질문을 던졌고, 직원들에게 직장과 직업에 대한 가치를 일깨워주고자 노력했다. '직원의 정신적·물질적 행복을 추구하고 인류사회의 발전에 공헌한다'는 교세라의 사명社命은 이나모리 특유의 경영 철학을 대변한다. 더불어 교세

일본에서 'CEO가 존경하는 리더'로 불리는 교세라의 창업자 이나모리 가즈오. 그는 기업 경영이 단순히 자신의 기술을 펼치는 것이 아니라 '직원과 사회에 대한 무거운 책임을 져야 하는 것'이라고 말했다.

라의 철학이라 명명되는 '경천애인敬天愛人'은 항상 공명정대하고 겸허한 마음으로 업業에 임하고, 하늘을 공경하고, 인간을 사랑하자는 마음을 뜻한다. 여기에서 '하늘에 대한 공경'은 이상의 추구로 볼 수 있고, 이는 도덕의 근본이자 인문학의 정신을 그대로 담고 있다.

정말로 인문학을 많이 공부한 사람들이 도덕적일까? 개인적으로 관찰한 결과는 대체로 그렇게 보였지만, 통계적인 검증을 찾기는 어려운 것 같다. 다만, 참고할 만한 연구 결과가 있다. 미국의 심리학자 제니퍼 조던Jennifer Jordan은 기업 관리자(매니저)들과 인문학 관련 학과의 대학교수들을 대상으로 도덕성 이슈에 대한 무의식적 인지를 측정하는 실험을 했다. 그 방법은 다양한 이야기(일화)를 읽도록 한 것이었는데, 그중 도덕 문제와 관련한 일화가 섞여 있었다. 실험 결과, 기업 관리자들은 대학교수들에 비해 도덕 문제에 관한 일화를 잘 인지하지 못하거나 기억하지 못하는 것으로 나타났다. 제니퍼 조던의 해석에 따르면 기업 관리자들은 상대적으로 도덕적 문제에 관심을 기울이지 않는 심리 구조(스키마)를 가지고 있는데, 그 이유는 평소에 도덕적 문제에 대한 생각을 잘 안 하던 습성 때문이라고 한다. 그건 사실 간단한 원리였다. 평소에 많이 떠올리는 문제를 더 쉽게 떠올린다는 것이다. 즉, 인간의 문제나 도덕적 문제에 대해 평소에 많이 생각을 하면, 기업 경영이나 일을 처리하는 데에 있어서도 도덕이라는 잣대를 더 원활하게 활용할 수 있다.

| 진정한 도덕성은 자기애로부터 출발한다 |

최근에 '도덕적인 인재', '도덕적인 기업'에 대한 인기가 높아졌다고는 해도, 여전히 널리 퍼져 있는 생각은 '착한 사람은 손해를 본다'는 관념이다. 착한 사람은 대체로 자기 자신을 '희생'하면서 다른 사람을 위하는 행동을 한다고 생각하기 때문이다. 그래서인지 순수한 도덕성을 연구하는 인문학이 어떻게 실용성을 가질 수 있는지 의심하고 궁금해하는 사람들이 많다.

대체로 이기주의적인 사람은 다른 사람을 신경 쓰지 않고 자신만의 이익을 추구하기 때문에 성공할 확률이 더 높다고 생각된다. 반면에 자신을 낮추고 희생하는 사람은 분명히 착하지만, 많은 돈을 벌거나 성공을 이루기엔 불리한 것처럼 보인다. 정말로 착하게 살면 손해를 보고 성공하기 어려울까?

인문학적 소양으로 인해 착한 사람이 된다고 하더라도, 그것이 실제로 성공을 하고 돈을 버는 데 좋지 않은 영향을 미친다면 실용적인 측면에서 좋지 않다고 볼 수 있다. 그런데 사실, 순수한 도덕과 윤리를 추구하는 것은 사회적 성공에 큰 도움이 될 수 있다. 놀랍게도 인문학을 깊게 공부하면, 도덕성과 실용성이 조화되는 지점을 발견할 수 있는데, 그것이 바로 '덕윤리'라는 도덕 이론이다.

우선 덕윤리를 알아봄에 앞서 '착함'에 대한 세 가지 관념을 살펴보자. 첫 번째는 이타주의를 핵심으로 하는 '자기희생 이론'이다. 이는 자신을 희생하고 타인을 위할수록 선하다고 여기는 이론이다. 두 번째는 칸트Immanuel Kant의 '의무론'이다. 간단히 말해, 절대적으로 따라야 할 명기된 도덕 법칙에 따라 행동하는 것이 인간의 의무이자 선이라 주장하는 관념이다. 더불어 어떤 행위가 도덕적인지 아닌지는 그

독일의 철학자 임마누엘 칸트. 그는 '항상 옳은 도덕 법칙(정언명령)'이 존재하며, 언제나 그에 따라 행동해야 함을 주장했다. 그가 주장하는 도덕 법칙에 따르면, '자신의 행위가 보편적 준칙의 입법 원리에 맞도록 하라', '사람을 수단이 아닌 목적으로 대하라'는 내용이 가장 중요하다.

행위의 기준이 언제, 어디에서나, 그리고 누구에게나 적용 가능한 보편적인 것인지 아닌지에 달려 있다고 말한다. 다른 사람이 같은 상황에서 그 행위를 똑같이 하는 것을 보고 옳다고 판단할 수 있다면 그 행위는 보편적인 도덕률에 따른 것이고, 옳은 행위라 판단하는 것이다. 이를테면 '살인을 해선 안 된다', '거짓말을 해서는 안 된다'처럼 다른 사람이 했을 때 나쁜 행동이라 여겨진다면, 자신도 그러한 행동을 해선 안 된다는 의미이다. 세 번째는 벤담Jeremy Bentham의 '공리주의'이다. 공리주의는 '최대 다수의 최대 행복이 도덕적이다'라는 말로 요약된다. 즉, 어떤 행위에 대한 옳고 그름은 그 행위가 인간 공동체의 이익과 행복을 얼마만큼 늘려주느냐는 '유용성의 결과'에 따라 결정된다고 본다. 그래서 공리주의는 항상 많은 사람들(큰 집단)의 이익을 최

영국의 철학자 제러미 벤담. 그의 공리주의는 큰 집단의 결과론적이며 양적인 이익을 중시한다.

우선으로 생각한다.

이 세 가지 도덕관념은 사실상 개인의 성공에 크게 도움이 되지 않는다. 모두 자신의 이득보다는 타인이나 사회적 이득을 더 중요하게 여기기 때문이다. 그 기반에는 감성을 무시하고 '이성적인 관점'에 치중한다는 특징이 있다. 그러면 '착한 사람'이 되기를 요구하는 인문학과 윤리학이 개인의 성공을 바라지 말라고 가르치는 것일까?

여기, 개인과 기업의 성장에 도움이 되는 실용적인 도덕관념이 있다. 그리고 우리가 따를 만한 관념은 오히려 인문학의 오래된 고전 중에서 발견할 수 있다. 이는 바로 '덕윤리'로, 플라톤과 아리스토텔레스는 덕윤리가 '착함'보다 상위 개념인 '훌륭함'을 중요하게 여긴다고 주장했다. 왜 우리는 착한 마음을 가진 사람을 선호하고 그렇게 되고자 하는 걸까? 덕윤리에 따르면, 그것은 우리가 본능적으로 '느끼기'에 훌륭하기 때문이다. 훌륭함은 어떻게 판별하고 규정할 수 있을까? 이는 행동이나 인위적인 법칙으로 규정하기는 어렵다. 그저 우리가 감성적으로 느끼기에 '좋은 것', '칭찬할 만한 일'이면 된다. 그래서 덕윤리는 감성과 본능에서 출발한다. 예를 들어 불의에 대항하기, 공감하기, 남을 사랑하기, 어려운 사람을 돕기, 공정하게 대하기와 같은 일은 호감을 불러일으키고, '훌륭하다'고 여겨진다.

만약 어떤 사람이 경쟁심도 없고, 자신을 위한 일 대신 봉사활동에만 전념하고, 그나마 가진 돈도 기부하면서 자신과 가족들을 궁핍한 삶으로 내몬다면 그가 훌륭하다고 볼 수 있을까? '어떤 측면'에서는 착한 사람일 수도 있지만, 훌륭한 사람이라 평가하기는 어렵다. 왜 '착하다'는 것을 꼭 '자기희생'이나 만인에 대한 '평등사상'에 입각하여 보는 것일까? 그런 생각 자체가 고정관념이라 할 수 있다.

현대에 다시 주목받고 있는 덕윤리는 앞서 보았던 착함에 관한 세 가지 관념의 문제점을 해소한다. 덕윤리가 개인의 성공에 도움이 된다는 이유만으로 최근에 주목을 받는다고 보기는 어렵지만, 오히려 그러한 점에서 더욱이 현대 사회에 덕윤리가 필요하다고 본다.

먼저 착함에 꼭 자기희생이 필요한지 살펴보자. 물론 자신을 희생하면서 타인을 돕는 행위는 숭고하다. 그러나 '자기희생' 그 자체는 착한 것도 아니고 숭고한 일도 아니다. 불이 난 집에서 아이를 구하기 위해 위험을 무릅쓰고 뛰어 들어가는 일을 칭찬하는 이유는 '용기', '타인에 대한 사랑', '박애'의 관점이지, 자기희생 그 자체가 칭찬받아야 할 일이라고 보기는 어렵다. 다시 말해, 동일한 선행을 하더라도 자신의 희생이 적은 편이 더 낫고 칭찬할 만하다.

'자기희생'은 '자기애(자기에 대한 사랑)'와 상충된다. 자기희생이 '선善'이라면, 자기애는 '악惡'이 되어야 할 것이다. 그러나 덕윤리는 자기애를 좋게 본다. 자신을 사랑함은 인간의 본성이고, 자기애가 자신을 훌륭한 사람으로 만드는 동기가 되기 때문이다. 덕윤리에서 이상적인 사람은 자신을 사랑하는 사람인데, 물론 악행을 하면서 자신을 사랑하는 사람이 아니라 선함을 실천하는 사람을 말한다. 아리스토텔레스에 따르면, 훌륭한 사람은 다른 사람들의 호감을 삼과 동시에 자기 스스로도 자신에게 호감을 느낀다. 그리고 덕스러운 사람은 자신의 내면이 시키지 않은 일을 '억지로' 하는 사람이 아니라, 내면이 시키는 대로 '자연스럽게' 하는 사람이다.

다음으로, 모든 사람이 평등해야 하는지를 알아보자. 의무론과 공리주의에서는, 모든 사람을 똑같이 공정하게 대해야 한다고 주장한다. 자신과 가깝다는 이유로 차별적으로 대하면 의무론과 공리주의의 법칙에 어긋난다. 그러나 덕윤리는 이에 반대한다. 일단, 차별하지 않는 것은 비상식적이고 불가능하다. 사람들은 누구나 자신의 가족과 자신이 속한 공동체를 더 먼 사람들보다도 중요하게 여기고 사랑한다. 이는 일종의 '본능'이다. 공자는 "가까운 사람을 더욱 사랑하는 것이 인이다仁者人也 親親爲大."라고 했으며, 아리스토텔레스는 "알지 못하는 사람보다 자신과 가까운 사람을 돕지 않는 것이 더욱 나쁘다."라고 했다. 자기를 사랑하고, 자기와 가까운 사람들을 보다 더 챙기는 것은 이기주의적인 행동이 아니라, 먼저 자신 그리고 자기와 가까운 사람을 돌보고 그 뒤에 더 넓은 곳으로 사랑을 확대하라는 의미다. 『대학大學』의 한 구절인 '수신제가치국평천하修身齊家治國平天下'에서 그러한 생각을 엿볼 수 있다.

물론 개인의 성공이라는 관점에서 보았을 때 덕윤리가 가장 체계의 완전성이 좋아보이지만, 앞서 살펴본 의무론과 공리주의 역시 각각 배울 만한 장점들이 있다.

- **칸트의 의무론**: 입장을 바꾸어 생각하기, 정직하기, 양심 지키기, 약속 지키기
- **벤담의 공리주의**: 개인이 아닌 전체의 이익을 고려하기, 객관성, 합리성, 투명성
- **덕윤리**: 자신을 사랑하기, 자신이 속한 공동체를 사랑하기, 공감 능력과 감성의 계발, 자신의 경쟁력을 위해 노력하기

이상에서 살펴보았듯이, 인문학으로 배울 수 있는 도덕성은 자기 희생만을 가르치지 않는다. 덕윤리에 따르면 오히려 자신을 무조건 희생하는 것보다 자신을 계발해서 훌륭한 사람으로 성장하는 것이 더 도덕적이라고 평가한다. 그리고 도덕의 목적은 자신과 타인의 '행복'이다.[5] 그래서 개인과 기업의 성공은 도덕과 일치될 수 있다.

그 예로 이탈리아의 브루넬로 쿠치넬리Brunello Cucinelli를 들 수 있다. 그는 1978년 자신의 이름을 내건 명품 의류 회사를 설립했고, 짧은 역사에도 불구하고 세계적인 브랜드로 키워냈다. 그는 자신의 경영 철학을 '윤리자본주의'라고 밝혔는데, 비록 대학을 중퇴했지만 어린 시절부터 길이나 카페에서 토론하기를 즐겼고 비평하는 법을 배웠다고 한다. 브루넬로 쿠치넬리는 사회적인 공헌을 많이 하는 회사로 유

---

5) 아리스토텔레스는 『니코마코스 윤리학』에서 행복(eudaimonia)이 최고의 선이라고 말했다.

브루넬로 쿠치넬리. 이 시대의 명품은 품질과 디자인에 국한되지 않고, 기업의 윤리에 높은 가치를 두는 소비자가 많아졌다고 말한다. 더불어 힘들고 지친 노동자가 아닌, 인간적인 삶을 영위하고 행복한 상태의 직원들이 창조적 사고를 할 수 있고 최고 퀄리티의 제품을 만든다고 강조한다.

명하고, 많은 이탈리아인들로부터 존경을 받고 있다. 대표적으로 그는 자신의 고향이자 쇠퇴한 마을인 솔로메오Solomeo를 현대화시켰고, 운동시설과 극장을 지었으며, 기술학교를 세워 교육에도 힘쓰고 있다.

그는 인문학의 세 가지 축인 진, 선, 미에 대해 "이것들은 일상생활에서 유용하므로 좋은 것이다."라고 말했다. 그는 인문학적 가치와 도덕이 실용적이라 여겼고, 도덕성과 실용성이 일치된다고 생각했다.

그리고 그는 "저에게 중요한 세 가지 요소는 첫째가 타인을 존중하는 경의, 둘째가 자신을 긍정하는 존엄, 셋째가 창조력입니다."라는 말을 통해 철저하게 덕윤리를 실천하고 있음을 보여주었다. 그러한 태도로 인해 그는 사람들에게 존경받는 성공한 사업가가 될 수 있었다.

| 도덕성과 자선으로 이익을 창출하다 : 자포스와 탐스 |

최근 기업과 직원들의 도덕성이 많이 부각되고 있다는 이야기를 했는데, 사실 엄밀히 말하자면 도덕성의 가치는 아주 오래전부터 기업 경영자들이 인지하고 있었다. 이는 바로 기업의 '사회적 평판'과 연결되기 때문이다. 하지만 이 책에서는 사회적 평판을 과장하지는 않으려고 한다. 사실 소비자는 냉정하기 때문에 대개 평판이나 정의감보다는 자신에게 직접적으로 이익이 되는 쪽을 택한다. 그래서 사회적 평판이나 도덕성은 기업 활동에 있어 부차적인 요인으로 볼 수도 있다. 즉, 좋은 기업 이미지를 만드는 일보다 혁신적인 제품을 싼값에 내놓는 일이 더 중요할 수도 있다는 말이다.

하지만 모든 기업에게 있어 도덕성과 직원들의 인성은 '기업의 지속적 존립'을 위해서도 무척이나 중요하다. 직원의 부도덕한 행동으로 인해 평판이 추락하는 것을 미연에 방지하고, 소비자들의 신뢰와 호감을 향상시키며, 기업 내부에서 협동과 신뢰가 발생하는 '윤활유'와 같은 역할을 하기 때문이다. 그래서 성공한 경영자들 중 대부분은 기업 내부의 결속과 능률을 높이기 위해서 직원들의 인성과 협동심이 중요하고, 외부적으로 사회적 평판을 관리해야 한다는 사실을 잘 알고 있다.

이를 조금 더 객관적으로 뒷받침하자면, AEFA^{American Express Financial Advisors}에서 직원들의 도덕성이 비즈니스 결과에 미치는 영향을 조사한 사례를 보면 도움이 된다. AEFA는 도덕성을 높이는 프로그램으로 직원들을 교육한 후, 교육에 참여한 사람들이 교육을 받지 않은 대조집단보다 18퍼센트나 높은 매출을 올렸다는 결과를 발표했다. 더불어 다른 기업에서는 기업 전체가 윤리적인 기업으로 평가를 받았을 때, 최고의 성과를 거둔 사실도 밝혀냈다. 소비자들이 물건을 구매하거나 기업을 평가할 때에는 주로 그 기업에 대한 인지가치^{Perceived value}를 토대로 하는데, 이는 곧 기업의 사회적 평판이 이익과 직결된다는 의미로 해석이 가능하다.

기업의 사회적 평판, 특히 도덕성을 높이는 방법은 예전부터 잘 알려져 있다. 경영자들도 많이 알고 있겠지만, 어려운 계층에게 기부를 많이 하고, 후원이나 교육사업과 같은 사회공헌활동을 하고, 중소기업이나 소상공인과 상생을 하고, 고객들에게 서비스를 잘해주면 된다. 이러한 '착한 모습'은 소비자들의 호감을 높이므로 기업의 입장에서는 실용적인 마케팅 방법이 될 수 있다. 하지만 그만큼 '지출'이 늘어난다는 점을 감수해야 한다. 이 방식은 '착한 행동'의 전형적인 모습으로,

'자기를 희생함으로써 남을 위하는 모습'이다.

　　사실 기부나 후원을 하는 일은 인문학적 소양과 큰 관련이 없다. 누구나 전략적으로도 그런 판단을 할 수 있고, 경영자의 결단과 자본이 만나면 가능한 일이다. 물론 이러한 활동 역시 순수한 도덕성에서 비롯되었겠지만, 이 책에서는 도덕성의 '실용성'에 대해 논하고자 한다. 그래서 기업의 성공에 영향을 미치는 내부 직원들의 인성과, 기업의 매출을 높이면서 사회적 평판을 긍정적으로 만들어낸 두 개의 기업을 사례로 들어 설명하고자 한다.

　　먼저 직원들의 인성은 꽤나 직접적으로 기업의 성공에 좋은 영향을 미친다. 직원들의 협동심, 이해심, 소통의 순기능은 과거부터도 잘 알려져 있었지만 그것을 어떻게 향상시킬 수 있는지에 대한 이해나 연구는 많이 부족했다. 여기에 인문학이 좋은 역할을 할 수 있다.

　　우선 인문학은 '사람 중심의 학문'으로, 사람의 가치를 좀 더 많이 생각하게 만든다. 그것은 고객의 입장에서 좋은 가치란 무엇인지를 고민하게 만들고, 낯선 이(타인)에 대한 이해를 증진시킨다. 최근에는 기업이 나서서 직원들에게 인문학 교육을 시키곤 하는데, 강좌를 통해 가장 효과를 볼 수 있는 부분이 바로 '도덕성과 인성, 타자에 대한 이해심의 증대'이다. 일례로 패션기업 '더베이직하우스'는 2012년부터 전 직원들에게 인문학 교육을 시키고 있다. 약 3년간 60여 차례의 강좌를 실시했고, 그 결과가 무척이나 좋아 앞으로도 인문학 교육을 더 확대하고 강화하기로 했다고 한다. 직원들을 대상으로 교육의 효과를 설문조사한 결과, 전체적으로 가장 많이 나온 답변은 '부서 간 이해와 협력이 강화되었다'는 것이었다. 그밖에도 다양한 효과가 있었는데, 디자인팀과 마케팅팀, 제품기획팀에서는 '소비 트렌드 예측과 창의적 사고에 실질적인 모티브가 되었다'고 대답했다. 해외사업부는 해외 소비자들의 심리를 더욱 잘 이해할 수 있었다고 답했다.

물론 인문학 교육의 방식이 꼭 강사에게 강의를 듣는 형식일 필요는 없다. 독서와 토론을 활성화시키는 방법도 있다. 이렇게 직원들이 인문학 공부를 하면 소비자와 다른 부서를 이해하는 능력이 증대되어 전체 조직의 역량이 높아질 수 있다. 입장을 바꾸어 생각해보고, 다른 관점에 대해 이해하고 배려하는 자세는 인성과 도덕성의 핵심적인 요소이다. 기업에서 직원들의 인성을 중요하게 여기고 채용에서도 결정적인 소양으로 보는 까닭은 외적으로 평판을 좋게 만들기 위함도 있겠지만, 기업 내부적으로 협동과 소통을 강화하기 위함이다.

이제는 기업이 외부적으로, 즉 소비자에게 도덕성을 어필해서 성공한 사례를 살펴보자. 여기에서의 핵심은 기업이 '어떠한 철학과 메시지를 소비자에게 전달할 것인가'이다. 선한 행위를 할 때엔 필연적으로 지출이 발생하게 마련인데, 같은 지출을 하더라도 사람들이 좀 더 공감하고 감동할 수 있는 지출을 하는 편이 낫다. 더불어 선한 행위가 직접적인 구매로 이어지게 하는 전략도 생각해볼 필요가 있다.

미국의 유통기업 자포스. 자포스의 CEO 토니 셰이(Tony Hsieh)가 이야기하는 '직원 모두를 홍보대사로 만들 수 있는 기업의 10가지 핵심 가치' 중 첫 번째는 바로 '서비스를 통해 감동(WOW)을 전한다'이다.

2009년, 신발·의류 유통기업인 미국의 자포스Zappos는 거대 유통 기업 아마존Amazon에 12억 달러라는 어마어마한 금액에 인수되었다. 자포스는 그때까지 해마다 엄청난 성장을 해왔다. 아마존이 자포스를 높게 평가한 이유는 자포스가 기존의 아마존에 없었던, '소비자를 위한 배려와 서비스 정신'을 가지고 있었기 때문이다. 과거 아마존의 서비스 방식은 고객이 전화로 문의할 필요가 없도록 홈페이지에 문제 해결방법을 자세하게 적어놓는 것이었다. 그러나 자포스는 홈페이지에 잘 보이도록 전화번호를 크게 적어놓고, 고객이 전화를 걸어주길 바랐다. 자포스의 가장 큰 특징은 '무조건 고객을 행복하게 만들라'였다. 그렇다고 해서 직원들을 닦달한 것은 아니었다. 자포스는 전화 상담원들에게 매뉴얼을 강요하지 않았고, 전화 한 통에 몇 시간씩 걸리더라도 직원을 질책하지 않았다. 한 고객과 여섯 시간이나 전화를 한 직원이 있을 정도였다.

자포스의 인기는 2007년 한 여성의 블로그에 올라온 글이 화제가 되면서부터 수직 상승했다. 그녀는 몸이 아픈 어머니를 위해 자포스에서 신발을 주문했는데 곧 어머니가 세상을 떠났고, 자포스 측에서 보낸 물건이 마음에 드는지 묻는 메일에 어머니가 돌아가셔서 반품을 하겠다고 답장을 했다. 원래 규정은 고객이 직접 물건을 보내는 것이었지만, 자포스는 직접 사람을 보내서 반품을 처리했다. 그리고 며칠 뒤 그녀에게 자포스에서 보낸 꽃다발이 도착했는데, 거기에는 위로의 글이 적힌 메모가 꽂혀 있었다고 한다.

자포스는 고객의 행복을 위해 최대한 유연하게 일할 수 있는 문화를 가지고 있었다. 그리고 아마도 그 제도를 잘 활용하기 위해 직원의 인성을 매우 중요한 채용 기준으로 두었을 것이다. 사람들에게 정서적인 '감동'을 주기 위해서 필요한 윤리가 바로 '덕윤리'다. 자포스는 그 자체로 규칙에 얽매이지 않는 좋은 덕을 가진 기업이었고, 구성원들 역시 마찬가지였다.

한편, 적극적인 기부와 사회공헌활동으로 성공을 거두는 기업들도 점차 늘어났다. 사회적 기업이 점차 늘어나고, 생산 과정의 비윤리적 요소를 없앤 기업이 각광받고 있는 현상은 소비자들이 점점 '정의'나 '도덕성'과 같은 요인을 중요하게 여기고 있다는 사실을 보여준다. 그러한 기업들이 소비자에게 호응을 얻기 위해서는, 소비자에게 인정받고 공감을 불러일으킬 만한 '철학'을 가져야 한다.

세계적으로 인기를 끌고 있는 신발 브랜드 탐스TOMS는 사람들의 도덕과 자선에 대한 갈망을 성공의 가장 큰 요인으로 만들었다. 탐스가 세계적인 브랜드로 성장한 데에는 '한 켤레를 사면 한 켤레가 가난한 아이들에게 기부된다'라는 정책이 가장 크게 작용했다. 이 정책이 좋은 아이디어인 이유는 기부의 권한을 기업이 아닌, 소비자에게 돌려놓았기 때문이다. 기업이 기부를 많이 하면 평판은 좋아지겠지만, 그 선택권이나 평판은 온전히 그 기업이 독식한다. 그러나 탐스는 소

신발 브랜드 탐스의 사회공헌 활동. CEO인 블레이크 마이코스키(Blake Mycoskie)는 아르헨티나 여행 중 가난한 아이들이 맨발로 오염된 토양을 밟고 다니는 모습을 보았고, 이러한 아이들에게 지속적인 도움을 주기 위해 TOMS SHOES를 만들었다. 탐스의 'One for One' 정책은 사회적 마케팅의 큰 성과로 대표되는 캠페인이다.

비자와 기업이 함께 기부하는 방식을 찾았고, 착한 일을 하고 있다는 평판과 함께 기부로 인한 만족감을 소비자와 함께 누렸다. 탐스의 급성장은 이렇게 좋은 아이디어를 활용한 도덕적인 철학이 상당 부분 영향을 미쳤다고 할 수 있다.

이렇게 기업은 사람들의 도덕성과 정의에 대한 갈망을 자극하는 전략을 세우기도 한다. 다만 이는 기회주의적으로 보여서는 안 되고,

올바른 철학을 바탕에 두어야 한다. 즉, 우리 시대에 정말로 손길이 필요한 지점이 어디인지를 파악하고, 가장 적절한 방식으로 메시지를 던져야 한다.

그밖에 내구성 높은 제품을 만드는 것, 애프터서비스를 잘해주는 것도 기업의 도덕성과 사회적 평판을 높이는 요인이 된다. 더불어 소수의 취향을 고려해 그들이 구입할 만한 제품을 만드는 일도 도덕성과 관련이 있다. 여기서 소수란, 장애인처럼 사회적으로 소외되거나 혹은 궁핍한 사람들만을 의미하지는 않는다. 다른 기업들이 관심을 갖지 않는 다양한 사람들의 취향을 고려하고 배려하는 태도만으로도 그 기업은 선하다는 인상을 줄 수 있을 것이다.

도덕성과 사회적 평판을 높이기 위한 기업 전략 제안

· 기업 구성원들의 도덕성을 중시하고, 각자가 부도덕한 행동을 하지 않도록
  지속적으로 교육하라
· 직원들의 인성과 협동심, 소통 능력의 향상을 위해 인문학 교육을 활용하라
· 올바른 기업 철학을 가지고 그 메시지를 소비자에게 전달하라
· 기부와 사회공헌 활동을 하라
· 기업이 잘못했을 경우에는 진정으로 반성하는 모습을 보여라
· 튼튼한 제품, 불량 없는 제품을 만들어서 신뢰를 높여라
· 철저하고 섬세한 애프터서비스를 강화하라
· 소수의 취향까지 고려하는 제품을 만들어라

5장

인문학적 소양 3
창의성과
콘텐츠 응용력

| 창의적 기업은 수요를 창조한다 |

요즘과 같은 시대에 창의적인 생각이 좋은 제품과 서비스를 만들고, 기업을 성장시킨다는 사실을 모르는 사람은 없을 것이다. 학교에서 이루어지는 교육은 아직 창의성 발달과는 괴리가 있어 보이지만, 많은 어린이 학습지의 광고 문구는 '창의성 발달'로 바뀌었다. 그렇다면 '창의성'이란 대체 무엇일까? 아직까지는 창의성의 정체나 개념이 무엇인지, 어떻게 하면 창의성을 높일 수 있는지에 대해서 잘 알려져 있지 않다. 학문적으로도 심리학이나 뇌과학 영역에서 이제 막 연구를 시작한 단계에 접어들었다.

창의성은 그 어떠한 인문학적 소양보다도 실질적으로 기업의 성공을 좌우하는 데에 더 중요하다. 적용되는 분야가 모든 산업과 기업 활동에 걸쳐 있고, 품격과 하이퀄리티를 만들기 위해서도 필요한, 보다 기본적인 차원의 것이기 때문이다.

박근혜 정부가 내세우는 국정 과제 중, 경제와 관련해서 가장 중점을 두는 것은 '창조'다. 이는 기존의 공업과 기술, 지식 산업을 뛰어넘어 새로운 콘텐츠를 '창조'해내는 일이 중요하다는 뜻이다. 여기에는 우리 경제가 이제 창조의 역량을 발휘하지 않으면 선진국으로 진입하기 어렵다는 인식이 깔려 있다. 과거 우리나라는 선진국의 기술과 제품을 따라 하기에 급급했다. 하지만 따라 하기만 해서는 결코 선진국이 될 수 없다. 선진국과 어깨를 나란히 하는 국가와 기업이 되기 위해서는 남들보다 앞서가야 하고, 그러기 위해서는 없던 것을 만들어 내는 '창조 능력'이 필요하다.

앞서가는 것은 기술의 발전만을 의미하지는 않는다. '창조'는 오히려 범용汎用 기술의 '조합'이나, 문화가 '융합'된 상품과 관련이 크다. 기술의 발전이 '이공계적, 이성 위주의 연구'라면, '창조'는 이를 포함하지만 그보다는 '문화적, 감성 위주의 연구'와 관련이 크다. 예를 들어 이공계적 연구가 플랫폼이나 원천 기술을 만든다면, 그것을 활용해 소비자들이 좋아할 만한 '애플리케이션'을 만드는 일은 '창조적인 작업'이다.

문화와 융합된 '창조'는 제조업에서도 필요하지만, 특히 서비스산업(문화콘텐츠산업, 레저산업, 요식업 등)에서 빛을 발한다. 서비스산업이 발달하기 위해서는 문화와 융합된 높은 창의력을 발휘해야 한다. 우리나라는 현재 다른 선진국에 비해 서비스업의 비중이 작은 편이지만, 앞으로는 점점 커질 것이고 경제 성장을 위해서라도 그러한 방향이 바람직하다.

우리나라는 창의성에 대한 잠재력이 꽤 충분해 보인다. 우리나라의 문화콘텐츠산업은 지난 십여 년간 큰 발전을 이루었다. 1990년대까지는 영화, 게임, 음악 등의 문화콘텐츠를 거의 수입만 하고 있었다. 그러나 21세기로 넘어오면서 전 세계에 불고 있는 한류열풍은 우리가 문화콘텐츠를 잘 만들 수 있다는 잠재력을 보여주었다. 문화와 서비

10년 이상 130개 국가에 수출되며 세계적으로 인기를 얻은 대한민국 대표 캐릭터 뽀로로와 원작자인 김일호 씨. 국내에서 제작한 문화콘텐츠가 해외에서도 통할 수 있음을 보여주는 대표적인 사례이다.

스업의 해외 진출은 국가의 이미지와 품격을 높이고, 그와 무관해 보이는 산업의 수출에까지 도움을 준다.

문화콘텐츠와 서비스산업의 부흥을 위해 가장 요구되는 것은 문화에 대한 이해와 창의성이다. 재미있고 감동적인 이야기를 만들고, 놀이와 경험, 여행을 기획하거나 즐거움을 제공하기 위해서는 무조건 새로운 것만 추구하는 창의성만으로는 부족하다. 여기에 인문학이 결합하면 보다 큰 힘을 발휘할 수 있다.

문화콘텐츠처럼 창조적인 결과물의 생산과 유행은 기술 위주의 제품과는 조금 다른 특징이 있다. 기술 위주의 제품은 기존 제품의 불편함으로 인한 '개선의 필요'가 먼저 발생하고 이를 보완한 제품을 만드는 게 주요 목적이지만, 창조적인 결과물은 대개 그러한 과정을 거치지 않는다.

한 사람의 창조력이 세상을 바꾼 사례로 '해리포터Harry Potter' 시리즈를 빼놓을 수 없다. 영국의 소설가 조앤 롤링Joan K. Rowling의 소설에서 탄생한 해리포터 시리즈가 얼마나 엄청난 결과를 낳았는지는 많은 사람들이 알고 있다. 조앤 롤링 한 사람의 창의력으로 인해 영국 경제가 직간접적으로 커다란 긍정적 영향을 받았을 것이다. 그런데 해리포터가 나오기 전에 우리는 그것을 꿈에 그리며 필요로 했을까? 조앤 롤링은 해리포터의 첫 번째 원고를 수십 군데의 출판사에 보내 출간 문의를 했지만, 번번이 거절당했다. 원고를 거절한 출판사들은 사람들이 그러한 이야기에 '욕구needs'가 없을 것이라 판단했다.

이처럼 성공적인 창조적 결과물은 처음에는 성공을 예상하지 못하는 경우가 많다. 왜냐하면 창의적인 상품은 사람들이 그것을 원하고 있는지 미리 예상하기 어렵기 때문이다. 이는 스티브 잡스가 시장 조사를 거의 하지 않았던 이유와도 일맥상통한다. 사람들의 욕구를 분석하기보다는, 이전까지 전혀 예상하지 못한 창조적인 제품을 만들어내기 위한 결단이었다.

기술은 대개 어떤 불편함이나 개선의 욕구가 있고, 이를 해결하기 위해 만들어진다. 그래서 기술 위주의 제품은 단지 그 기술이 개발되

해리포터의 저자 조앤 롤링과 미국 플로리다주 올랜도에 위치한 해리포터 테마파크. 소설 해리포터는 오늘날 전 세계에 4억 권이 넘게 팔리는 진기록을 수립했으며, 각종 어드벤처 게임, 블록버스터 영화, 캐릭터 산업까지 더해져 위용을 넓히고 있다.

었다는 이유만으로 기대감을 형성할 수 있다. 반면에 창의성을 핵심으로 하는 제품은 기존의 상황만으로 수요를 예측하기 어렵다. 그리고 수요가 미리 보이지 않기 때문에, 창의적인 제품과 서비스는 수요를 새로이 창조한다.

우리나라 사람들이나 기업들은 창의력이 떨어지는 편일까? 사실 중국만 모방을 잘하는 게 아니라, 우리나라도 상당히 모방을 좋아하는 경향이 있다. 어떤 새로운 것이 히트를 치면 곧바로 수많은 아류작들이 탄생한다. 최근 '허니버터' 열풍만 봐도 그렇다. 과자류부터 시작해 화장품까지, 수많은 모방작이 시장에 쏟아졌다. 가전제품을 비롯한 제조업들은 오랫동안 선진국의 제품을 모방하는 식으로 제품을 만들어왔다. 그런데 이제 우리나라는 선진국의 문턱에 들어서서, 더 이상은 모방하는 식으로 성장할 수 없다는 사실을 깨닫고 뒤늦게나마 창의성의 중요함을 외치고 있다. 세계 시장을 선도하기 위해서는 '창의성'이 필수불가결한 요소임을 이제야 깨달은 것이다.

창의성을 높이지 못하는 원인은 '교육의 문제'와 '사회적 문제'로 나누어볼 수 있다. 입시를 위한 암기식·주입식 교육은 창의성에 도움이 되기는커녕, 큰 저해 요인이 된다. 창의성은 스스로 생각해보고, 비판해보고, 표현해보는, 이른바 '인문학적 공부법'으로 키울 수 있기 때문이다. 사회적 문제로는 '모난 돌이 정 맞는' 오래된 사회 문화적 관습, 표현과 예술의 자유를 억압하는 분위기, 그리고 인문학에 대한

비디오아트의 대가 백남준의 작품. 백남준은 척박한 환경에서도 창의성에 꽃을 피운 대표적인 인물로 평가받을 만하다.

부족한 이해와 물질적인 것만을 중시하는 이른바 '유물론적' 세태가 있다. 창의성은 눈에 보이는 것, 물질적인 것을 중시하는 게 아니라 '정신'을 중시할 때 활성화된다.

다양한 부정적인 요인이 있지만, 한국 사람들의 창의성이 떨어지는 것 같지는 않다. 상당히 놀라운 점은 문화적인 방해 요인에도 불구하고 뛰어난 창의성을 보이는 한국인이 꽤 많다는 것이다. 미디어아트의 대가 백남준이나, 세계적으로 불고 있는 한류열풍이 그 증거이다. 사실 과거에는 우리나라의 대중문화가 이렇게 발전하고, 외국에서도 통하리라고 예상하는 사람이 거의 없었다. 그러나 우리나라의 문화콘텐츠 수준은 지난 20여 년간 매우 급속도로 발전했다. 우리에게도 분명 창의적인 잠재력이 있기 때문에, 사회적인 분위기가 개선된다면 앞으로 더욱 훌륭한 결과를 이룩해낼 수 있을 것이다.

ㅣ 인문학은 어떻게 창의성을 키우는가 ㅣ

창의성의 기본은 사람들이 쉽게 생각하지 못하고, 기존에 없던 '새로운 것'을 만들어내는 능력이다. 공장에서 찍어내듯 똑같은 제품을 그대로 만들어내는 것은 '창의'가 아니라 '모방'이다. 그리고 누구나 생각할 수 있는 진부한 것, 평범한 것, 흔한 것 역시 창의가 아니다. 다만 창의가 기초부터 완전히 새로운 것을 만든다는 의미는 아니다. 사람들이 흔히 접했던 사물이나 생각을 결합해 새로운 결과물을 만들거나, 기존에 있던 사물의 또 다른 쓰임새를 알려주는 일도 창의적이라고 할 수 있다.

그런데 단지 창의적이라고 해서 모두 도움이 된다고는 할 수 없다. 우리에게 필요한 창의성은 '사람에게 필요하고, 도움을 주는 것'이어야 한다. 어떤 창의는 사람들에게 해를 끼칠 수도 있고, 자원 낭비나 에너지 낭비를 초래할 수도 있다. 그래서 우리에게 가치 있고, 사람들이 좋아하는 제품이나 서비스를 만드는 것이 좋은 창의성이다. 다만, 좋은 창의성을 섣불리 예상하는 일은 위험하다. 창의성이 어떤 결과로 나타날지는 그 누구도 예측하기 어렵기 때문이다. 여기서 이야기하고 싶은 핵심은 좋은 창의성을 선별해서 나머지를 규제하자는 것이 아니라, 창의성으로 기업이나 개인이 성공을 거두고 싶다면 '사람에게 도움이 되고, 사람들이 좋아할 만한 창의성'을 가지라는 것이다.

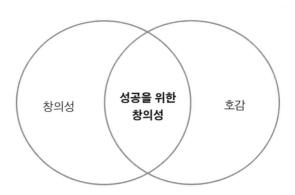

창조가 '새로운 것', '쉽게 예상할 수 없는 것'이라는 사실은 누구나 알지만, 좋은 창의성에 '호감'이 필요하다는 점은 종종 간과된다. 창의성을 위해서는 어떠한 가치적인 잣대를 들이대기 전에 새롭고 다양한 생각이나 기존의 틀을 깨는 과감함이 필요하지만, 그것이 결과적으로 커다란 실용성을 가지기 위해서는 인간에게 얼마나 유익할 것인가를 감안해야 한다. 그리고 유익함이란 유희를 주는 것, 편의성을 증진시키는 것, 지적 능력의 증진과 자기계발에 도움을 주는 것 등 여러 가지 '가치'로 바라볼 수 있다.

미래학자 다니엘 핑크는 자신의 저서 『새로운 미래가 온다』에서 21세기에 성공하는 인재는 '감성적인 사람'이라고 설명했다. 다시 말해 사람들과 공감하고, 사람들의 감성을 만족시키는 제품(서비스)을 개발하는 사람을 말한다. 그러면서 새 시대에 성공하는 인재의 여섯 가지 재능으로 '디자인', '스토리', '조화(결합 능력)', '공감', '놀이(즐거움)', '의미(정신적 가치)'를 들었다. 여기에 창의성은 빠져 있는데, 그 이유는 이러한 요소들은 창의성이 있어야만 가질 수 있는, 너무나 당연한 재능이기 때문이다. 즉, 이 여섯 가지 재능을 한마디로 줄이면 '창의성+감성'이다. 그러면 창의성, 그리고 다니엘 핑크가 말한 여섯 가지 재능을 향상시키는 방법은 무엇일까? 여기에 인문학 공부가 좋은 방법이 될 수 있다.

인문학 공부가 창의성에 도움이 된다는 이야기는 종종 들려오고 있지만, 그 원리에 대한 분석은 거의 없었다. 이를 네 가지 특징과 관련해 생각해보면 보다 명확하게 알 수 있다.

- 비판적 사고
- 상상력
- 인간 중심의 관점
- 인문학 콘텐츠의 이해와 활용

먼저 창의성은 '다르게 생각하기'와 관련이 있다. 기존의 것과 다른 것을 만드는 일이 창의적인 작업이므로, 다른 사람들이 가르쳐준 것이나 지금 알고 있는 사실을 의심해보고 뒤집어보고 비판할 수 있어야 창의적인 결과물이 나온다. 종종 어린아이들의 상상력과 창의력은 어른들보다 뛰어나 보인다. 어른들이 쉽게 생각하지 못하는 지점을 잘 포착하기 때문이다. 왜 그럴까? 이는 '고정관념'에 사로잡히지 않기 때문이다. 고정관념과 독선은 창의성에 해가 되는데, 이를 타파하는 방법은 기존의 지식을 비판하고 의심해보는 것이다.

인문학, 특히 철학은 '비판적 사고'를 강조한다. 인문학에서는 수백, 수천 년 전의 고전을 배우기는 하지만, 그 가르침을 모두 따르라고 가르치지 않는다. 인문학을 배우는 이유는 고전이 모두 옳기 때문이 아니라, 그 안에 담긴 사상과 지혜를 비판적으로 검토해보기 위해서이다. 대학에서도 인문학 관련 학과에서는 서술형 답안을 쓰도록 하는데, 글의 내용이 단지 텍스트 줄거리의 요약에 불과하다면 좋은 점수를 받을 수 없다. 기존의 사상에 대해 자신의 관점을 가지고 논리적으로 비판하고 평가해야만 한다.6) 실제로 2010년 시카고 대학교 총장인 로버트 짐머Robert Zimmer는 많은 노벨상 수상자를 낸 시카고 대학교 경제학부를 예로 들며, "당연하게 받아들이는 사고와 전제, 그리고 자신의 생각조차도 비판적으로 따져보게 하고, 상상력을 무한하게 발휘해 대안을 찾도록 하고자 학부생들에게 인문학을 배우게 하도록 힘쓰고 있다."라는 이야기를 하기도 했다.

별다른 이유 없이 어떤 입장을 믿는 것이야말로 인문학이 가장 싫어하는 태도다. 인문학이 특히 비판적 사고를 강조하는 이유는 자연과학과 달리 객관적 증거를 구하기가 어렵기 때문이다. 사실 인문학이 강조하는 비판적 사고는 창의력을 위해 만들어진 것이 아니라, 올바른 진리를 찾기 위한 방법이었다. 그런데 인문학의 특성상 객관적 증거를 찾기가 어려우므로, 다양한 반례를 상상하고 다양한 관점에서 비판해보라고 가르친다.

어떤 입장에 얽매여 있지 말고 비판해보라고 하는 가르침은 다르게 생각하는 힘과 더불어 '자유로운 태도'를 증진시킨다. 자유에 대한 관점은 인문학이 지닌 또 다른 특징이다. 일반적으로 인문학은 인간이 자유로울 수 있는 기본적인 능력(자유의지)과 자유에 대한 갈망이 있다고 생각한다. 반면, 자연과학은 자유라는 개념을 받아들이기

---

6) 여기에서 비판적이라 함은 무조건적인 반대가 아니라 이유 없이 믿는 것을 거부한다는 뜻이다.

로버트 짐머 총장을 필두로 인문학 교육을 강화하고 있는 시카고 대학교. 짐머 총장은 "특정 부문의 기술을 가르치는 것은 단기적인 성과를 낼지 모르지만, 인문학적 소양을 길러야만 더 복잡해지고 여러 요인이 엉킨 문제를 풀 능력을 갖춘 리더가 될 수 있다."고 말한다.

매우 어려워한다. 자연과학은 법칙을 최대의 목표로 여기는데, 법칙은 예외가 없고 반드시 그렇게 되어야만 하는 것이다. 자연과학을 비롯해 계산을 주로 하는 학문들의 시험문제는 답이 정해져 있고, 법칙과 진리도 거의 정립되어 있다. 그러나 인문학 시험은 대개 답이 정해져 있지 않고, 법칙과 진리도 상대적으로 불투명하다.

인문학에서는 물질은 법칙적이지만, 정신은 그보다 자유롭다고 믿는다. 반면, 유물론이나 자연과학의 어떤 편협한(독단적) 입장에서는

정신의 자유와 자유의지에 대해 회의적인 편이다.7)

그래서 인문학을 공부한 사람은 사고가 자유롭다. 자유로운 정신이란 예술가적 기질일 수도 있고, 어떤 고정관념에 사로잡히지 않은 비판적 사고를 가진 사람일 수도 있다. 철학에서뿐만 아니라 특히 문학과 예술에서는 자유로운 사고가 매우 중요한 소양이다. 따라서 인문학적 소양을 갖추면 어떤 사물과 주장을 보고 '왜 그렇게 해야만 하지? 다르게 할 수도 있는데.'라는 생각을 습관적으로 할 수 있다.

다음으로 인문학 공부는 상상력을 증진시키는 데에도 도움이 된다. 상상은 지각을 통해 외부 사물을 확인하는 것이 아니라, 혼자 머릿속에서 구상하는 것이다. 자연과학은 '경험'과 '관찰'을 하는 학문이지만, 인문학은 '사고'와 '상상'을 하는 학문이다. 자연과학에서는 실험 기구를 가지고 실제로 실험을 하지만, 인문학은 어떠한 기구가 정해져 있지 않다. 역사에서는 사료를 근거로 상상을 해서 당시의 정황을 추측하고, 문학 역시 상상을 통해 작품을 만들어낸다. 그래서 인문학은 연필과 종이만 있으면 배울 수 있는 학문이라고 말한다. 머릿속이 곧 실험실인 셈이다.

더불어 자연과학은 '바로 이 세계'만을 다룬다. 바로 이 세계란 우리가 사는 세계, 밝혀진 과학 법칙이 적용되는 세계이다. 그러나 인문학은 '가능 세계'를 다룬다. 여기서 말하는 가능 세계란 물리 법칙적으로 가능한 세계가 아니라, '상상이 가능한 세계'를 뜻한다. 예를 들

---

7) 그러나 필자는 과학적 입장에서 인간의 자유의지가 불가능하다고 보지 않는다. 자유에 대해 회의적인 과학자들은 사실 일부에 불과하다.

프란츠 카프카(Franz Kafka)의 소설 『변신』과 그리스 신화의 제우스 상. 『변신』에서는 주인공이 어느 날 갑자기 흉측한 벌레로 변하게 된 이후의 상황을 그리고 있고, 그리스 신화는 현재까지도 창의적 영감을 얻는 데에 많은 역할을 하고 있다. 이처럼 인문학에서는 비과학적인 이야기를 생산할 수 있지만, 상상력을 최대한 발휘할 수 있다는 장점을 가진다.

어 물이 H_2O가 아닌 세계일 수도 있고, 인간이 갑자기 파리로 변신하는 세계일 수도 있다. 인문학은 상상이 가능한 모든 경우를 생각하기를 권유한다. 그리고 다른 사람이 쉽게 상상하지 못했던 것을 떠올리면 큰 업적을 남길 수 있다.

자연과학과 공학이 숫자로 의미를 전달하고 경험적인 실험을 한다면, 인문학은 말과 글, 기호로써 의미를 전달한다. 숫자는 양적인 것일 뿐 의미나 개념을 가지진 않는다. 반면에 단어나 문장, 기호는 이미지와 개념을 떠올리게 한다. 책을 읽을 때 타인의 말과 그의 입장을 자세히 파악하기 위해서는 상상이 필요하다. 물론 잘못된 상상은 커뮤니케이션의 오류를 불러일으킬 수 있지만, 자신의 관점이 아닌 타인의 관점에 대한 상상은 소통의 열쇠가 되기도 한다.

창의성은 '감성' 또는 '직관'의 힘과도 많은 연관이 있다. 이성적인 사고는 이유와 논리에 의해 차근차근 따져나가고, 올바른 답을 도출한다. 그래서 이성적인 사고에서는 '이유'와 '원인'을 인식하는 일이 매우 중요하고 '퀀텀 점프Quantum Jump'8)와 같은 예측 못한 결과물은 도출되지 않는다. 그러나 창의적 사고는 대개 무의식으로부터 갑자기 새로운 것이 떠오르는 양상이고, 감성과 직관이 큰 역할을 한다.

좋은 창의성을 발휘하는 감성적·직관적 사고를 계발하기 위해서는 예술과 문화를 다루는 인문학을 공부하는 것이 많은 도움이 된다. 인문학은 계산을 위주로 하는 양적인 학문이 아니라 대체로 '질적인 학문'이다. 그래서 '더 이상 분해되지 않는' 마음속의 어떤 느낌(질)의 개념이 존재한다고 본다. 예를 들어 기호학에서 '붉은 색'의 질을 가지는 기호는 '열정', '피', '혁명'의 의미를 담는다. 인문학의 꽤 많은 분야는 인간의 감성과 직관으로만 감지할 수 있는 개념을 소통의 도구로 여긴다. 그래서 문화 분야에서 창의성을 높이고 싶다면, 기호학이나 미학을 공부해도 좋다.

끝으로 필자가 덧붙이고 싶은 창의성을 높이는 태도가 있다. 그것은 '우연의 힘'을 나쁘게 보지 말고, 아이디어 산출에 활용하라는 것이다. 논리대로, 절차대로 생각하는 것보다 '우연'을 아이디어 산출 과

---

8) 퀀텀 점프(양자도약)란 원래 물리학의 양자역학에서 원인을 알 수 없지만 갑자기 결과가 바뀌는 미시적 차원의 현상에서 유래되었는데, 요즘에는 사회 현상을 설명하는 데에도 사용된다.

뉴욕 현대미술관에 전시된 잭슨 폴락의 작품 'NO.31'.

정에 도입하면 창의적인 결과물을 만드는 데에 도움이 된다. '자유'는 '우연'의 다른 이름이다. 미국의 추상표현주의 화가 잭슨 폴락Jackson Pollock은 물감을 흩뿌리는 방식으로 미술의 새 지평을 열었고, 세계적인 예술가가 되었다. 거기에는 어떤 의미가 있을까? '우연'의 도입이 핵심이었다. 잭슨 폴락이 창시한 '액션 페인팅action painting'은 작품 자체의 아름다움보다는 작가의 무의식에서 나오는 우연적 효과가 주는 메시지가 핵심이 된다. 창의성을 표현하는 방법은 작가의 정교한 의도에 따른 것도 있지만, 우연 역시 분명 창의성을 높일 수 있다.

앞서 창조는 '무에서 유를 만들어내는 것'이라고 말했다. 그런데 그게 어떻게 가능할까? 어찌 보면 이는 '질량보존의 법칙'을 위반하는 이야기이다. 여기에서의 창조란 어떤 '질'적인 변화일 수 있지만, 분명 그 '질량', 콘텐츠를 미리 가지고 있어야 한다.

창조는 무에서 유를 만들어내는 것이기도 하지만, 사실 알고 보면 이미 있는 것들을 '조합'하고 '편집'하는 행위이기도 하다. 즉, 조합을 통해 새로운 것이 만들어질 수 있다. 이를 '창발emergence'이라고 한다. 그리고 역시 기본이 되는 재료, 즉 콘텐츠가 없다면 창발은 나타날 수 없다.

콘텐츠가 많으면 조합과 편집의 경우의 수가 많아져 더 다양한 결과물을 배출할 수 있다. 그리고 이는 창의성에도 도움이 된다. 많은 학자들 역시 창의성을 발휘하기 위해서는 지식(관련 분야의 지식)을 많이 아는 것이 중요하다고 말한다. 심리학자 소이어K. Sawyer의 창조적 과정의 8단계 모델에 따르면, 창조적 발상을 하기 위해서는 문제와 관련된 지식을 많이 습득한 뒤에 '잠복기incubation'를 가지는 것이 필요하다고 한다. 그러면 머릿속에서 무의식적으로 지식들이 조합되어 나중에 기발한 생각들로 떠오르게 된다.

사실 많은 창조적 아이디어는 기존의 지식과 아이디어들을 '결합'하고 '조합'함으로써 발생한다. 완전히 새로운 것이 아니라, 약간의 변

화만 가해도 완전히 새로운 사용성과 품질이 생겨날 수 있다. 문화심리학자 김정운 교수는 창조가 '편집'과 같다고 강력히 주장했다. 그는 '에디톨로지(편집학)editology'라는 단어를 만들어냈고, 재료(콘텐츠)들을 편집하는 것만으로도 놀라운 창조가 된다고 말한다.

창의적인 작업에 쓰이는 콘텐츠 중에는 인문학적 콘텐츠가 차지하는 비율이 높다. 다시 말해서, 많은 창의적인 결과물에는 인문학 콘텐츠가 중요한 재료로 사용되고 있다. 역사, 철학, 문학, 예술, 대중문화 등 인문학적 콘텐츠는 매우 방대하고, 다른 학문 분야의 콘텐츠를 규모에서부터 압도한다. 자신이 알고 있는 콘텐츠를 떠올려보면 많은 것들이 인문학과 관련되어 있다는 사실을 깨달을 수 있을 것이다.

인문학은 많은 독서와 문화적 경험을 필요로 하고, 인문학 공부는 자신이 활용할 수 있는 콘텐츠의 양을 늘려준다.

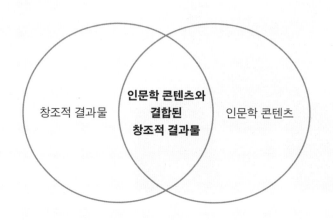

물론 인문학적 콘텐츠만 필요한 것은 아니다. 자연과학이나 기술, 사회과학 등 인문학이 아닌 많은 지식들도 유용한 콘텐츠이다. 어떤 콘텐츠든지 관련 분야의 지식을 많이 알고 있으면, 그 분야에서 창의적인 결과물을 만드는 데에 도움이 된다.

기술집약적인 산업에서 지식의 창의적 결합은 커다란 부가가치를 창출한다. 애플이 휴대폰과 아이팟iPod을 결합시킨 사례를 보자. 아이폰이 남달랐던 이유는 '발상의 전환'에 있었다. 아이폰은 휴대폰에 아이팟 기능을 넣은 것이 아니라, 아이팟에 휴대폰 기능을 넣었다. 우리나라 기업을 비롯한 다른 업체들은 그즈음 휴대폰에 인터넷 기능을 추가시켰지만, 애플은 그 반대였다. 애플의 관점은 애초에 아이폰이 휴대폰이라기보다는 '멀티미디어 기기'로 인식되기를 원했다. 그러한 발상의 전환은 사실 첨단 기술의 개발이라기보다는 창의성 덕분이다. 뿐만 아니라 아이폰이 성공한 이유는 다양한 앱App이 만들어져 거래될 수 있는 '생태계'를 만든 것이 주요했던 것으로 분석된다.

아이폰이 처음 출시되었을 때, 가장 혁신적인 기술로 소개된 '멀티터치Multi-touch'의 사례를 보자. 멀티터치란 쉽게 말해 손가락 두 개를 사용해 화면을 확대, 축소, 회전할 수 있는 기능을 말한다. 당시에 굉장히 획기적인 기능이었기 때문에, 사람들은 애플이 기술 개발에 많은 투자를 했다고 생각했지만, 사실 애플은 기술에 중점을 두지 않았

스마트폰의 사용 가치를 높여주는 다양한 애플리케이션들. 애플은 애플리케이션이 스마트폰의 핵심이 될 것이라는 점을 미리 인지하고, 그 생태계를 구축하는 데 노력했다.

다. 단지 이러한 제품을 만들고 싶다는 '창의적 아이디어'가 먼저 떠올랐고, 멀티터치를 구현할 수 있는 기술을 가진 핑거웍스Fingerworks를 인수했다. 애플이 이러한 제품을 만들고 싶다는 창의적 아이디어가 없었다면, 그러한 기술은 지금처럼 활용되지 못한 채 한동안 파편처럼 흩어져 있었을 것이다. 국내의 한 언론은 이러한 애플식 창조가 '발명'이라기보다는 '혁신'이며, 이러한 혁신적 연구개발(R&D)의 적은 '기술지상주의technocentrism'라고 논평했다.9) 더불어 '기술지상주의에 뿌리를 둔 연구개발은 소비자가 원하지 않는, 불필요한 발명을 낳을 뿐이다.'라고 꼬집었다.

멀티터치 기술. 애플은 최초나 발명이라는 타이틀에 집착해 '무조건 만들어내기' 식의 R&D가 아닌, 기존에 발명된 기술을 개선해 완전히 새로운 제품을 내놓은 '혁신적 R&D'에 투자했고, 이를 통해 혁신의 아이콘으로 자리매김했다.

---

9)「애플식 R&D에 주목해야 하는 이유」, 머니위크, 2013.11

창의성은 기존에 있는 기술 또는 콘텐츠를 응용하는 것이다. 그러나 거기에 필요한 기술은 '기존의 지식'에 있다. 그것들을 조합함으로써 창의적인 제품이 탄생할 수 있다. 그리고 아직 조합되지 않은 기존의 지식 중 상당수는 대개 값이 저렴하다. 다만 그러한 기술만으로는 높은 가치를 생산할 수 없으므로, 범용 기술들을 창의적으로 조합하면 높은 부가가치를 얻을 수 있다. 어쩌면 첨단 기술을 새로이 개발하는 것보다 조합이 더 효율적이다.

| 인문학 콘텐츠로 제품에 스토리를 불어넣다 : 레고와 블리자드 |

인문학을 배우면 얻게 되는 장점 중 하나로 방대한 인문학 콘텐츠를 활용하기에 유리하다는 점이 있다. 이 책은 주로 지식의 습득보다는 내면의 능력에 초점을 맞추고 있지만, 인문학과 관련한 지식도 분명 창의적인 결과물을 내는 데에 쓸모가 있다. 특히 스토리(이야기)와 캐릭터, 이미지, 문화적 요인을 창조하는 데에 큰 도움이 된다.

창조적 결과물은 인문학 콘텐츠와 무관한 경우도 있겠지만, 많은 경우에 인문학 콘텐츠와 결합되어 나타난다. 그리고 앞으로는 계속 이러한 제품과 서비스들이 점점 늘어날 것으로 전망된다.

제품과 인문학 콘텐츠의 결합은 종종 놀라운 효과를 발휘한다. 블록완구업체 레고Lego는 요즘 엄청난 성공가도를 달리고 있다. 2015년 현재, 전 세계 완구업체 중 브랜드가치 1위를 기록하고 있으며,[10]

---

10) 「73억 명에 1개씩… 키즈토피아 장난감 왕국의 거인들」, 헤럴드경제, 2015.05

2009년~2013년 사이에 매출은 두 배, 영업이익은 네 배 가까이 늘었다.11) 2014년 개봉한 애니메이션 「레고무비The Lego Movie」는 북미 박스오피스에서 수 주간 1위를 차지했다. 그야말로 전 세계적으로 '레고 붐'이 일고 있다.

그런데 이렇게 잘나가는 레고에게도 위기의 시절이 있었다. 1932년에 설립된 이후 오랜 기간 세계 일류 완구회사의 지위를 유지했지만, 1980년대에 레고가 보유한 블록완구의 특허가 만료되어 유사한 제품을 생산하는 경쟁자가 늘어났고, 컴퓨터게임의 등장으로 완구산업 전체가 위축되었다. 결국 레고는 1998년부터 2004년까지 연속해 적자를 기록했다. 이러한 위기에서 레고를 회생시키고 현재의 성공 신화를 만든 원동력은 무엇이었을까?

가장 주요한 요인은 '문화콘텐츠'의 과감한 도입이었다. 2000년대 초반까지 레고는 '마을시리즈', '중세시대 성시리즈', '보물선시리즈', '우주시리즈' 등 각각의 콘셉트가 있었지만, '스토리(이야기)'와 인문학적 콘텐츠는 부재한 상황이었다. 그런데 2000년대 중반부터 레고는 영화 「스타워즈Star Wars」를 그대로 재현한 제품을 출시하고, 「캐리비안의 해적Pirates of the caribbean」에서 모티브를 딴 '해적시리즈'를 만들었으며, 디즈니Disney, 마블MARVEL과 제휴해 캐릭터와 스토리를 그대로 담은 제품을 출시하기 시작했다.

더 나아가, 레고에서 자체적으로 고유한 캐릭터와 스토리를 만들

---

11) 「스토리로 쌓은 레고의 '저력'… 장난감 불황 뚫었다」, 한국경제, 2014.03

고 판타지와 동양적 이미지를 가미한 '키마의 전설'과 '닌자고시리즈' 를 출시했다. 새로운 레고 시리즈는 독자적인 스토리를 입혀 애니메이션 연속물로도 제작되었다. 이렇게 기존의 문화콘텐츠를 차용하거나 새로운 스토리를 만드는 시도로 레고는 연이은 성공을 거두었다.

많은 사람들은 초기에 레고에서 특정한 영화나 만화를 재현한 제품을 출시한다고 했을 때에, 과연 성공할 수 있을지 반신반의했다고 한다. 레고는 조립하고 호환되는 블록이므로 정해진 스토리와 문화콘텐츠가 오히려 역효과를 불러일으킬 수 있다는 뜻이었다. 그러나 자신이 좋아하는 문화콘텐츠를 직접 조립하고, 또 그것을 변형시킬 수 있다는 점은 소비자들에게 긍정적으로 작용했다. 또한 문화콘텐츠와 스토리가 입혀지면서, 아이들은 물론이고 어른들까지 소비자층으로 끌어들였다. 레고는 문화콘텐츠를 좋아하고 즐기는 어른들(키덜트kidult)

문화콘텐츠를 결합한 레고 시리즈와 레고 무비. 『The Moment of Clarity』의 공동 저자이자 레고 컨설팅에 참여한 크리스티안 마두스베르그(Christian Madsbjerg)는 "레고는 데이터에 의존하지 않고 관찰하고 의미 찾기를 시도해 소비자들이 원하는 바를 제대로 알아차릴 수 있었다."라고 말한다.

의 취향을 고려해, 높은 정교함을 요하는 고난이도 레고(어른들을 위한 레고)를 출시하기도 했다. 예를 들어 '16세 이상'이라는 사용 연령을 붙인 '스타워즈 우주선'이나 '배트맨 자동차 만들기 시리즈'는 그 한정판의 가격이 수백 만 원이나 한다. 레고의 '명품 전략'도 이렇게 성공을 거두었다.

레고는 어떤 과정과 분석을 통해 위기 과정을 극복해냈을까? 당시 레고는 자사의 브랜드 파워만 믿고, 캐릭터 인형과 비디오 게임으로 사업 영역을 확장하기에 바빴다. 그리고 경영진들은 아이들이 점점 더 화려한 비디오 게임을 선호하면서 전통적인 블록을 갖고 놀 만한 시간도, 인내심도 없을 것이라 생각했다. 그러던 중, 사업 확장에 앞서 '놀이'라는 현상을 심층적으로 이해하고 기업의 위기 상황을 극복하기 위해 인류학자를 비롯한 인문학자들에게 컨설팅을 의뢰했다. 전통적인 데이터 분석과 트렌드 예측 방식으로는 소비자의 생각과 잠재된 욕구를 읽을 수 없었기 때문이다. MBA 출신이나 경제학자들은 데이터 분석에 능할 수 있어도, 사람들의 욕구를 읽고 분석하는 능력은 인문학자들에 비해 상대적으로 떨어진다. 레고의 컨설팅에 참여한 인문학자들은 몇 달 동안 아이들과 부모들을 관찰함으로써, 그들이 진정으로 원하는 놀이는 자극을 받기 위해서가 아니라, 과도하게 짜인 생활에서 벗어나고 '다양한 기술(기능)'을 익히기 위해 즐기는 수단임을 밝혀냈다. 즉, 현대의 아이들이 자극적인 비디오게임만 좋아하고,

인문학은 기업에 있어 "우리는 무엇을 하는 회사인가?"라는 질문을 던진다. 더불어 사람과 시장, 변화를 바라보는 시야를 사무실 책상에서 벗어나 진짜 살냄새가 나는 현실 공간으로 향하게 한다.

블록을 갖고 놀 시간이 없다고 생각했던 경영진의 생각은 완전 잘못된 것이었다. 그러면서 아이들을 다시 레고에 빠지게 만들기 위해서는 '시간을 내어 삶의 기술을 익히도록 하는 제품을 만들어야 한다'는 결론을 내렸다. 레고 경영진들은 인문학자들의 충고에 따라 컴퓨터게임 등의 사업 다각화를 포기하고, 블록 사업에 집중하면서 콘텐츠의 혁신을 일으키기로 했다. 일반적인 시장 데이터 분석, 컨조인트 분석, 설문조사 등의 경영학적 기법으로는 절대로 얻을 수 없는 인문학적 통찰이었다.

인문학적 분석을 활용한 다른 사례로는 스타벅스가 있다. 세계 최대 커피 전문점 스타벅스는 전문 바리스타 교육에 인문학과 인성 교육을 포함시켰다. 매장에서 커피를 마시며 일하는 프리랜서들을 위해 매장을 커뮤니티 공간처럼 만들었으며, 매장에서 틀어주는 음악도 심사숙고해서 고른다. 이는 '사람들이 무엇 때문에 커피 전문점을 방문하는지'를 인문학적 관점에서 따져본 결과다. 더불어 스타벅스는 커피에 '문화적 교양'을 주입했다. 1980년대 말, 미국 사회에는 '문화자본 집단'이 출현했고, 이들은 기존보다 더 세련되고 우아한 서비스를 요구했다. 스타벅스는 이 부분에 주목해 '접근성 있으면서도 세련된 교양'이라는 이념을 브랜드에 불어넣었고, 매장을 그 이념으로 가득 채

"우리는 커피를 팔지 않습니다. 문화를 팝니다."라고 말하는 스타벅스. 스타벅스처럼 독보적인 브랜드가 되기 위해서는 '콘셉트'을 불어넣어야 하고, '문화'를 선도해야 한다. 그리고 이는 사회과학적 분석과 함께 인문학적 상상력을 동원해야만 가능하다.

있다. 물론 더 나은 문화를 원하는 새로운 계층은 열광했다.

경영학적으로 판단을 하면 하루 동안 고객이 몇 잔의 커피를 마시는지를 논하겠지만, 인문학은 고객이 커피를 마시는 경험을 어떻게 인식하는지를 살핀다. 세심하고 복합적인 경험을 제공하기 때문에 소비자들은 비싼 값을 지불하고서라도 스타벅스 커피를 마신다. 이처럼 최근에는 대기업들이 소비자를 파악하기 위해 문화인류학자나 인문학자들의 힘을 빌리기 시작했다.[12]

디자인 영역에서도 인문학 콘텐츠의 활용은 많은 도움이 된다. 과거의 다양한 시대 양식을 차용하기도 하고, 미술작품이나 신화, 소설, 영화의 캐릭터와 스토리에도 써먹을 만하다.

펩시는 2015년에 새로운 디자인의 병을 출시했는데, 그것은 영화 「백투더퓨쳐2Back To The Future Part 2」(1989)에 나온 펩시콜라 디자인이었다. 약 30년 전에 개봉된 그 영화에서 2015년의 미래로 타임머신을 타고 가는 모습이 그려지는데, 실제로 2015년에 영화에 나온 펩시콜라 디자인을 그대로 차용한 것이다. 이 기획은 기업의 이미지와 제품 홍보에 많은 도움이 되었다.

명품 이미지를 불러일으키는 디자인에도 인문학 콘텐츠가 들어가는 것이 좋다. 앙드레 김의 의상에는 인문학적 소양과 철학이 담겨 있는데, 이는 '순수성', '고상함', '품격'이다. 앙드레 김은 18세기 유럽 귀족들의 스타일인 '로코코Rococo 양식'을 대거 도입하고, 약간의 현대

---

12) Harvard Business Review Korea 창간호

앙드레 김 패션쇼와 로코코 양식의 건축물. 앙드레 김은 생전에 "내 상상력의 원천은 다빈치, 미켈란젤로, 샤갈, 고갱처럼 천재적인 화가들의 그림이다."라는 말을 했다.

적 변형을 가했다. 그러한 인문학적 디자인은 세계적으로 훌륭함을 인정받았다. 앙드레 김이 강조하던 '엘레강스한 분위기'의 모티브는 '고전'이었던 것이다.

    인문학 콘텐츠가 겉으로 보기에 필요하지 않은 분야라고 생각할

지라도, 인문학 콘텐츠가 결합되면 '품격', '의미', '메시지'가 발생하고 그것은 부가가치를 높일 수 있다. 제품 이름이나 회사 이름을 정할 때에도 인문학이 활용될 수 있는데, 롯데그룹의 이름은 소설 고전인 『젊은 베르테르의 슬픔Die Leiden des jungen Werthers』 속 여주인공인 '샤롯데'에서 따왔고, 신해철이 결성한 록그룹 '비트겐슈타인'은 유명한 철학자의 이름에서 차용했다. 쌍용자동차의 '무쏘'는 코뿔소의 순우리말인 '무소'에서 따왔다.

창조가 핵심이 되는 문화, 소프트웨어, 서비스산업에서 인문학 콘텐츠는 더욱 중요해진다. IT와 인문학의 결합을 논할 때 빼놓지 않고 등장하는 기업이 바로 '블리자드Blizzard'이다. 블리자드의 게임에는 신화학, 고고학, 문화인류학의 유산들이 담겨 있다. 특히 「워크래프트Warcraft」는 J.R.R.톨킨J.R.R. Tolkien의 소설 『반지의 제왕』의 세계관이 투영되어 있다. 즉, 오크족, 엘프족, 마법, 용이 등장하는 세계이다. 그

블리자드의 「워크래프트」는 『반지의 제왕』과 같은 고전과 민속 신앙의 이미지를 차용하여 사용자들에게 꿈과 환상을 심어주고 있다.

리고 『반지의 제왕』은 그리스로마 신화, 북유럽 신화, 민속학의 이야기들과 기호들이 조합되고 변형돼서 탄생했다. 아무리 새롭고 창의적인 스토리라고 하더라도, 인문학적인 세계관과 역사, 문화의 콘텐츠가 담겨 있지 않으면 깊이가 없으며, 흥미는 금세 떨어진다.

철학과 출신 박찬욱 감독의 영화 「올드보이」(2003)에 나오는 대사, "웃어라, 온 세상이 너와 함께 웃을 것이다. 울어라, 너 혼자 울 것이다."는 엘라 윌콕스Ella wheeler wilcox의 시 「고독」에서 인용되었다. 주인공 이름 '오대수'는 그리스 신화에서 아버지를 죽이고 어머니와 동침한 '오이디푸스'에서 빌렸다고 한다. 박찬욱 감독의 복수 3부작인 「복수는 나의 것」(2002), 「올드보이」, 「친절한 금자씨」(2005)는 '복수는 나쁜 것인가?'라는 커다란 철학적인 문제 의식을 담고 있다. 영화 「스타워즈」(1999)의 감독인 조지 루카스George Lucas는 미국이 낳은 세계적인 신화학자 조셉 캠벨Joseph Campbell의 저서 『천의 얼굴을 가진 영웅 The Hero with a Thousand Faces』에 큰 영향을 받아 캐릭터와 서사구조를 만들었다고 한다. 영화 「매트릭스The Matrix」(1999)는 소크라테스, 데카르트, 운명론, 자유의지, 인식론, 현대 심리철학 등 심오한 철학 지식이 녹아들어 있으며, 일본에서 일종의 '사회현상'까지 불러일으킨 애니메이션 「신세기 에반게리온」에는 철학뿐만 아니라 종교, 심리학 등 방대한 인문학 콘텐츠가 녹아 있다. 이제까지 열거한 영화들이 엄청난 성공을 거둔 배경에는 철학, 종교, 심리학, 신화 등 인문학 콘텐츠

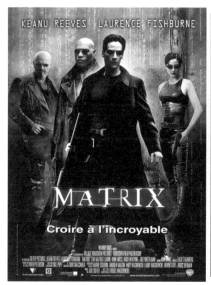

영화 「매트릭스」와 「스타워즈」의 포스터.

가 한몫을 했다고 해도 과언이 아니다.

심오한 인문학을 바탕에 둔 문화콘텐츠는 깊이 있는 명작을 만들어낸다. 즉, 깊이를 위해서는 철학, 역사, 예술에서 논의되는 것을 일정 부분 공유해야 한다. 인문학을 잘 모르는 사람이라도 그런 것에 깊이와 품격, 감동을 느낀다. 이는 콘텐츠에 담긴 인문학이 '거대한 담론', '인류 보편의 문제'를 다루고 있고, 이는 많은 사람들에게 파급될 수 있는 힘을 가지고 있기 때문이다.

시장에 먹히는 문화콘텐츠를 만들기 위해서는 사람과 시장의 '문화'를 이해하고 활용하는 것이 좋다. 세계 시장에 수출하기 위해서는 그 나라의 문화를 파악해서 '현지화'하는 것도 좋겠지만, 국적을 초월해 공통적인 인간의 '감성'과 '트렌드'를 적용하는 편이 더 큰 성공을 거두는 데 유리하다.

'한류'는 알고 보면 처음부터 수출을 목적으로 기획되었다기보다는 그저 각자가 우리나라에서 성공하기 위해 노력하는 과정에서 우연찮게 나타난 것으로 보인다. 유튜브와 같은 인터넷 매체가 발달하면서 전 세계에서 우리나라의 음악을 들을 수 있게 되었고, 외국에서 일부 마니아층을 시작으로 점차 퍼져나갔다. 반면에 외국에 진출하기 위해 계획한 것은 대체로 성공적이지 못했다. 미국에 진출하기 위해 적극적으로 노력을 한 원더걸스보다, 오히려 국내 활동에 치중한 소녀시대가 세계적으로 더 큰 인기를 끌었다. 싸이가 전 세계를 강타한 이유도 현지화 전략보다는 '자기가 하고 싶은 대로' 했기 때문이다. 그리고 그런 것이 오히려 외국에서 통했다.

그렇다고 해서 너무 한국적인 방식만으로 승부해도 좋지만은 않을 것 같다. 보다 좋은 방법은 '인류 보편의 방식'으로 승부하는 것이다. 인류 보편성의 원천은 '인간의 본성'과 '감성'에 있다. 그리고 이는 인문학에서 찾을 수 있다. 생물학과 인지과학의 연구결과, 인간의 감성은 대체로 동일하다. 그리고 고상함과 품격도 대개 모든 사람들이 비슷하게 느낀다. 그렇기 때문에 우리나라에서 통하는 것이 외국에서도 통하고, 외국에 맞춰서 개발된 제품이 종종 실패하는 것이다. 물론, '할랄푸드(이슬람 신자에게 맞게 개발된 음식)'처럼 외국의 문화를 철저하게 연구하고 그에 맞는 제품을 개발하는 일도 필요하다. 그런데 그런 경우라도 상대방의 문화를 이해하기 위해서는 인문학적 지식(특히 역사와 지역문화)이 필요하다.

인문학은 문화콘텐츠나 제품에 담긴 추상적인 '메시지'를 만드는 데에도 활용된다. 광고업계에서 가장 유명한 디렉터 중 한 명인 박웅현은 한 인터뷰에서 좋은 광고인이 되기 위한 조건 가운데 가장 중요한 것을 묻는 질문에 '인문학적 소양'이라고 답했다. 그 이유는 광고의 핵심이 '시대 읽기'와 '사람 읽기'이기 때문이다.

박웅현은 '메시지'를 담은 광고를 많이 만드는 것으로 유명하다. 그가 만든 한 아파트 건설회사의 광고문구를 보자. 이 광고는 당시에 많은 공감과 화제를 불러일으켰다.

톱스타가 나옵니다.
그녀는 거기에 살지 않습니다.
멋진 드레스를 입고 다닙니다.
우리는 집에서 편안한 옷을 입습니다.
유럽의 성 그림이 나옵니다.
우리의 주소지는 대한민국입니다.
이해는 합니다.
그래야 시세가 오를 것 같으니까.

하지만 생각해봅니다.

멋있게만 보이면 되는 건지.

가장 높은 시세를 받아야 하는 것은 무엇인지.

저희가 찾은 답은 진심입니다.

진심이 짓는다.

여기에서 표면적으로 인문학 콘텐츠를 찾기는 어렵다. 하지만 이 광고는 분명히 인문학적 가치나 소양에 기초하고 있다. 이 광고에서 가장 중요한 키워드는 '진심'이다. 기획 의도에는 사람들이 진정으로 원하는 것이 '진심'이고, 이는 좋은 가치이며, 추구해야 할 가치라고 하는 생각이 담겨 있다. 진실과 진심은 인문학적으로 분명히 좋은 가치다. 진심과 진실함의 가치는 도덕과 관련되기도 하고, 순수성과 절대성, 진리의 추구와도 연관이 있으며, 소통을 위해서도 필요하다. 아마도 박웅현은 '시대 읽기'를 통해 당시에 '진심'이 우리에게 특히 필요한 가치임을 간파했을 것이다.

이 광고는 메시지가 상당히 직접적으로 드러난 경우지만, 영화나 드라마, 음악과 같은 문화콘텐츠뿐만 아니라 심지어 자동차, 전자제품에도 인문학적 메시지를 담을 수 있다. 그리고 사람들이 그 메시지에 공감한다면, 해당 제품과 기업이 훌륭하다고 생각하고 호감을 가지게 된다. 예를 들어 볼보자동차의 'VOLVO FOR LIFE'라는 문구는 생명과 안전을 추구하는 메시지가 담겨 있다. 더불어 애플의 디자인과

볼보는 오래전부터 '사람을 위한 차'를 만들고 있으며, 'VOLVO FOR LIFE'라는 슬로건을 통해 '세상에서 가장 안전한 차'라는 이미지를 소비자에게 심어주었다. 결국 차보다는 차를 타고 있는 '사람'을 더 중시한다는 볼보의 경영 철학을 엿볼 수 있다.

사용자경험UX: user experience은 기계로서의 컴퓨터가 아닌 실제 사물을 접하는 것처럼 자연스러운 조작 경험을 주는 것으로 유명하다. 거기에는 엔지니어나 제작자 위주가 아니라, 본질적으로 인간과 사용자 중심으로 제품을 만들어야 한다는 철학과 메시지가 담겨 있다.

점차 제품의 기술 격차가 커다란 차이점을 만들지 못하는 현대 산업사회에서는 품격과 도덕성 등의 요소가 중요해진다. 여기에 추가시킬 수 있는 것이 바로 '문화적 요인'이다. 이는 콘텐츠를 활용하는 일일 수도 있고, 사람들과 시장의 문화를 이해하고 활용하는 것일 수도 있다. 제품을 많이 팔고 싶다면, 그 제품이 가지는 문화적 요인을 좋게 만드는 것도 한 방법이다. 문화적 요인이란, 제품과 문화와의 상호

작용을 의미한다. 문화적 요인을 개선하기 위해서는 사람들의 '코드'를 이해하는 데에서부터 출발해야 한다.

또한 문화는 시대와 지역에 따라 달라지는 특성이 있다. 그래서 문화를 활용해서 성공하기 위해서는 당대의 문화에 통하는 제품과 서비스를 선보여야 한다. 그런데 가장 성공적인 방법은 당대의 문화와 유행을 '따라 하는' 것이 아니다. 1등이 되기 위해서는 문화를 선도하고 앞서나가야 한다. 다만, 주의해야 할 점은 대중이 이해하기 어려울 정도로 너무 앞서나가기보다는, 약간만 앞서가는 자세가 중요하다.

문화를 선도하는 제품과 서비스를 선보이기 위해서는 그 지역의 역사와 문화의 변천을 이해해야 한다. 현재의 문화는 과거 역사의 변천과 매우 깊은 관련이 있다. 그리고 문화를 향유하는 사람들의 '집단적 인식'은 공동체의 역사 또는 문화의 흐름과 깊은 관련이 있다. 왜냐하면 '사람들이 갈망하는 새로움'이란, 과거의 것과 비교해서 나타나기 때문이다. 기업의 입장에서는 그것을 잘 포착해야 현재의 문화를 이해하고, 앞서가는 방향을 간파할 수 있을 것이다.

창의성과 콘텐츠 응용력을 높이기 위한 기업 전략 제안

· 현재 사람들의 욕구Needs만을 충족시키려 하지 말고, 새로운 욕구를 창출하라

· 고정관념을 깨는 제품을 만들어라

· 기존의 지식과 기술, 제품을 조합하고, 편집하고, 융합하라

· 캐릭터, 영화, 만화, 소설, 음악 등 문화콘텐츠를 적극 활용하라

· 시대적으로 공감할 수 있는 메시지를 던져라

· 시장의 문화적 요인을 이해하고 활용하라

6장

인문학적 소양 4
**인간 중심의 관점과
타인에 대한 이해**

| 인문학은 사람과 가치를 연구한다 |

인문학은 '인간'에 대한 학문이다. 자연과학에서도 인간을 다루지만, 과학은 인간의 생리적 현상을 연구한다. 자연과학이 인간을 다루는 방식은 다른 대상들과 차이가 없다. '물질'과 '물리'에 있어서 인간과 동물, 심지어 무생물까지도 평등하다. 즉, 모두에게 똑같은 과학적 원리가 적용된다.

인문학은 인간이 영위하는 사회와 도덕 법칙이 다른 동물들의 것과는 차별화된다고 여긴다. 그래서 다른 동물들이나 환경을 관찰하고 탐구하는 방식, 즉 자연과학적 방식으로는 인간성을 계발하기 어렵다고 말한다. 인간만의 독특한 능력, 인간성을 계발하기 위해서는 인간이 만든 역사와 정신을 연구하고 공부해야 한다.

인문학에서는 인간의 산물, 즉 역사와 사상, 문화를 배운다. 우리가 인간의 산물을 배워야 하는 이유는 그로부터 우리가 '따를 만한 것'이 있다고 생각하기 때문이다. 지구의 공전과 자전, 꽃이 피고 지는 원리, 동물들의 행태 등 물리학 또는 생물학적 자연 현상을 아무리 관찰해도 거기에서는 우리가 따르고 지켜야 할 것들을 찾을 수가 없다. 설령 어떤 학자가 자연 현상의 모습을 인간이 따라야 한다고 주장해도, '왜 따라야 하는가?'에 대해 답을 내리기 위해서는 인문학이 필요하다. 참고로 도가道家철학에서는 인위적인 것보다는 자연에 따르는 것이 옳다고 여기는데, 도가철학의 핵심 역시 '그것이 왜 사람에게 좋은지'에 맞춰져 있다.

역사적으로 인문학의 부흥과 발전은 인간이 인간 이외의 것으로부터 '독립'을 선언하면서부터 일어났다. 유럽의 르네상스와 근대로 이어지는 시기에 이루어진 '신으로부터의 독립'이 계기가 되었다. 신의 뜻에 따르는 시대에는 인간을 위한 '진정한 인문학'이 발전할 수 없었다. 그러나 르네상스 이후 학자들은 인간의 운명을 신과 같은 더 큰 존재에 의존하지 않고, 스스로의 길을 열어나가기 시작했다. 르네상스 이후의 학자들도 개인적으로는 신을 믿었지만, 학문은 그와 별개의 것이라 여겼다.

그런데 '르네상스Renaissance'라는 말은 '부활', '재생'의 의미이고, 그 뜻은 고대 그리스(또는 로마) 문화의 부활이었다. 현대까지 이어져 오는 서양 학문의 원류는 고대 그리스에 있었고, 고대 그리스인들은 다양한 신을 믿기는 했지만, 그 신들은 마치 인간처럼 감정을 느끼고 행동한다고 여겼다. 최고의 신 제우스는 인간의 삶을 거의 구속하지 않았을 뿐만 아니라, 제우스에게 반기를 들어 인간에게 불을 선사하고 지혜를 알려주는 등 인간의 편에 선 프로메테우스의 이야기도 전해진다. 고대 그리스의 문화와 학문은 '자신들을 위한 것', 즉 인간을 위한 것이었다. 중세 유럽에서처럼 인간에게 원죄가 있다거나, 신을 위해서 살아야 한다고 생각하지 않았다. 알렉산더 대왕이 동양으로 진출하면서 발생한 헬레니즘Hellenism문화는 인간의 사실적인 모습을 표

IOĀN · PICVS · MIRANDVLA

르네상스 시대 이탈리아의 인문주의자인 피코 델라 미란돌라(Pico della Mirandola). 그는 『인간의 존엄에 관하여』라는 책에서 인간은 스스로 운명을 결정할 능력을 가지고 있다고 말했다.

밀로의 비너스. 헬레니즘 시기의 대표적인 조각상으로 육체의 아름다움을 사실적으로 표현하고 있다.

현하고 있고, 개인의 행복을 중시여기는 관점을 담고 있다. 인문학의 탄생은 인간을 위한 관점과 태도에서 시작한 것이다.

인문학의 과정은 인간의 고등한 소통 능력, 즉 말과 글을 통해 이루어진다. 그리고 말과 글은 지혜를 배우고 전수할 수 있게 한다. 인문학은 선대의 사람들과 지혜로운 스승에게 배우기도 하지만, '타인' 또는 '후속 세대'에게 가르치고 전수하는 데에 목적을 두기도 한다. 그래서 타인과의 소통이 중요한데, 이를 위해서는 '타인의 생각과 관점'을 잘 파악해야 한다. 한 사람하고만 소통한다면 그 사람의 생각만 알면 되겠지만, 글로 남겨 잘 알지 못하는 다수의 사람들과 소통하기 위해서는 '보편적인 사람이 가진 생각과 정신의 특성'을 파악해야 한다. 인문학은 많은 사람들에게 도움이 될 만한 말과 글을 남기기 위해 인간의 고유하고 보편적인 정신 구조를 연구한다.

인문학은 '정신'에 관한 학문이다. 인문학의 목표는 인간의 신체적 능력의 계발이라기보다는 '정신의 계발'이다. 인간의 독특한 능력은 정신적인 생각과 숙고를 통해 행동과 습관을 바꿀 수 있다는 데 있다. 우리는 골똘히 생각함으로써 어떤 행동이 가장 합리적인지를 판단하고, 앞으로의 계획을 세운다. 그리고 보다 합리적인 판단을 위해 관련된 정보를 수집한다. 반면, 다른 동물들은 생각에 의해 판단을 내린다기보다는 본능적·반사적으로 움직인다. 약간의 사고 능력이 있더라도 인간보다는 훨씬 떨어지고, 소통을 통한 깨달음과 행동, 습관의 변화는 더더욱 없다. 단지 '파블로프의 개 실험'에서처럼 외부 자극으로 인한 '조건반사'만 있을 뿐이다.

이렇듯 인문학은 인간을 연구하고 인간을 사랑하는 학문인데, 너무 '인간 중심에 치우쳐 있다'는 약간의 반발심을 일으킬지도 모르겠다. 어쩌면 다른 동물들을 비하하는 태도이거나 인간 위주의 이기주의로 들릴 수 있기 때문이다. 인문학이 대체로 인간을 위하는 학문임에는 틀림이 없으나, 본질적으로는 인간만을 위한 학문은 아니다. 불교사상을 비롯한 철학사상에서는 다른 동물에 대한 폭넓은 사랑과 자비를 강조하기도 한다. 인문학은 당연하겠지만, 다른 동물을 경시하거나 학대하라고 가르치지 않는다. 인간을 비롯한 모든 동물들이 함께 행복한 세상을 만들면 얼마나 좋겠는가?

하지만 인문학이 인간 중심이 될 수밖에 없는 이유가 있다. 인문학의 목표가 동물을 차별하고 인간을 위하자는 것이 아니라, 방법상의 특징 때문이다. 인문학은 소통을 통해 정신적 능력을 계발시켜 훌륭한 인격체로 만드는 과정인데, 그것이 가능한 대상은 인간밖에 없다. 앞에서 설명한 것처럼 다른 동물들은 언어도 사용하지 못하고, 사고력이나 후천적 정신 발달도 미약하다.

인문학적 소양이 높아지면 인간을 보다 많이 사랑하게 되겠지만, 그렇다고 해서 다른 동물을 경시하게 되는 것은 아니다. 어떤 대상에 대한 사랑의 증가는 제로섬 게임처럼 작동하는 것이 아니기 때문이다.

| 인문학은 어떻게 관점과 욕구를 분석하는가 |

인문학은 '인간의 관점'을 매우 중요하게 여긴다. 인문학이 '가치 Value'를 다루는 학문이라고 했는데, 사실 가치라는 것은 각각의 학문에 따라 여러 가지 방향이 있을 수 있다. 우선 인문학이 '인간 중심'의 가치를 추구하고 탐구한다면, 경영학과 경제학은 자본이나 재화를 많이 만드는 가치를 추구한다. 공학은 새로운 기능을 만들거나 에너지의 효율성을 높이는 가치를 추구하고, 물리학은 자연의 법칙을 발견하고 적용하는 일에 가치를 둔다. 그런데 그러한 각각의 가치들은 인간 중심의 인문학적 가치와 무관할 수도 있다. 왜냐하면 다른 학문들이 추구하는 가치는 단지 '도구'를 만드는 일에만 치중하기 때문이다. 예를 들어 체세포 복제 기술의 개발은 생명공학적으로 가치 있는 일이 될 수 있지만, 그것이 인류에게 어떠한 가치를 주느냐는 또 다른 문제다. 똑같은 사물을 대하더라도 어떠한 관점에서 보느냐에 따라 그것의 가치가 달라진다. 인문학은 인간의 관점에서 가치를 매기고, 그래서 다른 학문들이 '도구'를 연구한다면 인문학은 '인간' 혹은 '인간의 관점'을 연구한다.

　최근 몇몇 세계적인 기업들은 '기술 위주의 관점'에서 '인간과 소비자의 관점'으로 눈을 돌리기 시작했다. 세계적인 스포츠용품 회사인 아디다스adidas도 이러한 사례 중 하나다. 기존에 아디다스의 전문 영역은 단연 '프로 스포츠'였고, 프로 선수들의 경기력을 향상시킬 수 있는 최첨단 제품을 만들고 선수들을 후원하면 자연스럽게 소비자를 이끌 수 있었다. 즉, 회사 매출의 5퍼센트를 차지하는 제품을 최고의 선수들을 위한 것으로 만들면, 나머지 일반인들이 95퍼센트를 차지해줄 것이라는 전략이었다. 하지만 시장은 점차 변하고 있었다. 사람들은 치열한 경쟁이 존재하는 스포츠의 세계에서 빠져나와 피트니스 센터로 몰려가고 있었다. 그리고 이는 전문 스포츠용품만을 취급하던 아디다스의 매출을 급속도로 하락시키는 원인이 되었다. 당시 아디다

아디다스의 매장. 아디다스가 위기의 순간을 극복한 원인에는 인문학적 접근을 통해 사람들의 생활상과 욕구를 섬세하게 분석한 전략이 있었다.

스의 수석 부사장인 제임스 칸트는 시장에 나타난 미세한 변화의 움직임을 포착했다. 도심 거리를 지날 때, 조깅을 하거나 체육관에 갈 때 사람들이 매트를 들고 다니는 모습을 유심히 지켜보았고, 이러한 사례를 더 깊게 이해하기 위해 몇몇 디자이너와 인문학 분석가를 소집해 팀을 꾸리기로 했다.

제임스 칸트는 그저 인문학 분석가들과 함께 도시에서 일어나는 유사 스포츠 활동이 무엇인지를 이해하고자 했는데, 분석가들과 이야기를 나누면서 그의 문제의식은 완전히 뒤집어졌다. '어떻게 제품을 팔 것인가?'에서 '사람들에게 스포츠란 무엇인가?'라고 방향을 바꾼 것이었다. 결과적으로 그는 현대 사람들은 '승리'하기 위해 스포츠를 즐기는 게 아니라 보다 '건강한 삶'을 위해 운동하고 있으며, 이들이 10년 후면 전체 스포츠 시장의 최대 소비자가 될 것이라고 판단했다. 그렇게 그는 기존에 다른 브랜드들이 관심을 보이지 않았던 요가, 피트니스용 의류를 아디다스의 메인 제품 라인으로 구성해냈다. 더불어 도심 속에서 운동을 하는 현대 사람들에게 스포츠웨어는 '패션'이고, 이를 만족시켜주는 아디다스의 제품이 없다는 사실에 큰 혼란을 느꼈다. 이후 그는 영국의 디자이너 스텔라 매카트니Stella McCartney와의 콜라보레이션을 통해 스포츠웨어의 패션 혁신을 일으켰다.

제임스 칸트가 인문학 분석가들과 고민을 시작했던 2003년에는 그 어떤 스포츠용품 브랜드도 이러한 소비자와의 대화를 한 사례가 없었다. 단지 '어떻게 하면 더 성능이 좋은 제품을 만들까?'에만 관심이 있었고, 도심 속 스포츠맨들이 운동을 더 큰 내러티브라는 맥락 속에 녹여내고 있다는 사실을 알지 못했다. 아디다스의 성공 뒤에는 빽빽한 데이터 시트나 프레젠테이션 자료가 아닌, '인간 중심의 관점'이 있었다.

인문학이 인간의 관점과 욕구를 파악하고 분석하는 데에 어떠한 도움을 주는지 더 자세하게 살펴보자. 타인의 관점과 감정을 이해하는 방식은 '공감'과 '관점 전환·이해' 방식이 있다.

타인을 이해하는 데 필요한 공감 능력, 즉 타인과 동일한 감정을 느끼는 능력은 다소 선천적인 면이 있다. 어린 아이는 물론이고, 심지어 몇몇 동물들도 감정이 전이되는 모습을 보이곤 한다.

그런데 인간은 후천적으로 타인과 공감하는 능력, 공감을 컨트롤하는 능력을 키울 수 있다. 우리는 대체로 자신과 가까운 사람과 많이 공감하고, 자신과 관계가 멀거나 해가 되는 사람에게 공감을 덜 느낀다. 즉, 인간은 누구에게나 자동적으로 공감하는 것이 아니라, 자신의 의지에 따라 공감을 어느 정도 조절할 수 있다.

타인의 입장과 관점, 감정을 잘 이해하기 위해서는 바로 이 '공감 능력'이 중요하다. 그리고 공감 능력을 증진시키기 위한 좋은 방법은 '대화'와 '독서'다. 대화를 잘하는 능력에도 여러 가지 요인이 있겠지만, 언어 이면에 숨겨진 타인의 감정을 파악하는 일이 대화를 잘하는 데에 좋은 영향을 미칠 수 있다. 특히 여성이 남성보다 대화를 잘하는

프란스 드 발(Frans de Waal)에 따르면, 돌고래, 원숭이, 유인원은 물론이고 심지어 생쥐도 동료의 고통이 전염되는 모습을 보인다고 한다.

경우가 많은데, 과학적으로 그 원인은 여성이 남성에 비해 평균적으로 공감 능력이 높다는 데에 있다. 다만, 인문학을 공부한다고 해서 대화를 잘하게 되는지는 명확하게 말할 수 없다. 그러나 확실하게 말할 수 있는 건, 인문학이 독서, 글쓰기 능력과 연관성이 크다는 점은 사실이다. 그리고 독해력과 작문 능력은 타인의 사고방식과 감정을 잘 파악하는 능력이 된다. 소설을 읽을 때 등장인물과 공감해야 하고 내면을 파악하거나 상상해야 하는 점 때문이다. 문화콘텐츠의 목적 중 하나는 사람들에게 '감동'을 선사하는 것인데, 그러기 위해서는 사람들의 감성적 특징을 잘 파악해야 하고, 이를 위해서는 책을 많이 읽는 것이 도움이 된다.

인문학이 인간의 관점과 욕구를 파악하고 분석하는 두 번째 방식은 '관점 전환·이해'이다. 앞에서 설명한 것처럼, 인문학은 도구를 만드는 것이 아니라, 인간의 관점에서 도구를 바라보고 평가하는 것이 목적이다.

그래서 '관점'에 대해 파악하는 일이 중요하다. 다른 학문들은 객관성이 중요하기 때문에, 관점에 특별한 관심을 두지 않는다. 객관적인 것은 어떠한 관점에서 보더라도 똑같기 때문이다. 다른 학문에서는 주로 숫자로 계산되는 양을 다루는데, 이는 관점에 따라 변하지 않고 객관적이다. 그러나 '관점'이 개입하게 되면 똑같은 사물이라고 해도 관점에 따라 경험과 느낌, 판단이 달라진다.

모네의 '해돋이'. 인상주의 사조의 작품으로, 작가가 직접 인지하는 경험과 인상을 강렬하게 표현해냈다.

하나의 장미를 떠올려보자. 우리들 각자는 그것에 대해 어떤 경험과 느낌을 가질까? 개나 소는 인간이 보는 것처럼 장미의 아름다운 색을 정밀하게 인지하지 못한다. 그리고 후각 능력이 인간과 다른 동물은 향기를 인간처럼 느끼지 못한다. 더 나아가 문화권과 개개인에 따라서도 장미에 대한 인상이 다를 수 있다. 우리는 장미를 대개 사랑하는 사람에게 준다. 그래서 장미는 '사랑'을 표현하는 기호로 여긴다. 더불어 우리는 장미를 보았을 때 설레는 느낌, 달콤한 느낌, 매혹적인 느낌을 받는다. 반면에 흰 국화는 장례식에 주로 쓰이므로 경건한 느낌, 엄숙한 느낌이 든다. 물론 이는 문화의 영향이다. 어떤 문화권에서는 장미보다는 해바라기를 사랑의 표현으로 여길 수도 있고, 흰 국화를 기쁨의 표시로 사용할 수도 있다. 그러나 '기호학semiotics'이라는 학문에서는 문화에 따라 바뀔 수 있는 기호의 의미를 실제로 소통될 수 있는 객관적인 요인으로 본다. 물론 문화에 의존하는 것일 수 있지만, 적어도 문화를 공유하는 구성원들은 공통적으로 대상을 인지한다. 더구나 인간의 생물학적인 공통성으로 인해, 대개의 경우 우리는 다른 사람들이 느끼는 감정과 사고방식을 이해할 수 있다.

'현상학phenomenology'이라는 학문에서는 개인의 '욕구' 또는 '지향성'으로 인해 경험이 달라진다는 점을 설명한다. '현상phenomenon'이란 개인(주체)이 인지하는 대상이다. 에드문트 후설Edmund Husserl을 비롯

독일의 관념론 철학자이자 현상학파의 창시자 에드문트 후설.

한 현상학자들은 사람들이 가진 성향 또는 지향성(욕구)에 의해 경험이 달라진다는 사실에 주목했다. 그리고 현상학은 그 구조를 찾으려고 하는 학문이다. 예를 들어 내가 손목시계를 사고 싶은 지향성을 가지면 사람들이 찬 시계가 눈에 많이 들어오고, 핸드백을 사고 싶으면 길거리에서 사람들이 들고 다니는 핸드백이 많이 인지될 것이다. 또한 아마도 기혼의 중년 남성이 장미를 바라보는 경험과, 20대 미혼 여성이 바라보는 경험은 다를 것이다. 욕구가 다르기 때문이다.

이렇게 대상은 객관적이지 않고, 관점에 따라 달라진다. 그리고 인문학은 인간의 독특한 관점이거나 사람들마다 다를 수 있는 내면의 관점을 파악하는 데 도움을 준다.

인문학이 어떻게 관점을 파악하는 데 도움을 줄 수 있을까? 우선 첫 번째 이유는 인문학이 글이나 말을 통한 '소통'을 중요시하기 때문이다. 소통의 도구 중에는 숫자나 고유명사처럼 관점에 따라 개념이 변하지 않는 것들이 있다. 그러나 인문학에서는 관점에 의존하는 질적 개념으로도 소통을 할 수 있다. 예를 들어, '빨간색'을 어떻게 소통의 도구로 사용할 수 있을까? 빨간색은 자신의 주관이 느끼는 '질적인 개념'이다. 그러한 '질'은 인간끼리 통하는 것이지, 다른 동물과는 통하지 않는다. '개가 느끼는 빨간색'은 인간과 다르기 때문이다. 그렇게 우리는 '질적인 개념'을 통해 다른 사람과 생각을 공유하고 올바르게 소통할 수 있다. 보다 추상적인 단어도 마찬가지다. '설렘', '세련됨',

'자격지심'과 같은 말 역시 질적인 개념을 지닌 말이지만, 우리는 사람들 간에 공유되는 어떤 지점을 통해 소통할 수 있다.

우리는 흔히 '주관성'과 '객관성'이 상충된다고 생각한다. 그러나 '주관적인 경험'은 객관성을 완전히 결여한, 독자적인 것이 아니다. 1인칭 관점을 생각해보자. 서양의 회화는 동양과 달리, 전통적으로 1인칭 관점의 구도를 많이 사용했다. 이는 객관성을 결여한 혼자만의 관점일까? 그렇지 않다. 오히려 실제로 우리가 겪는 경험을 잘 묘사한 것으로 인정받는다.

서양의 철학은 '주체의 사고'와 '경험'말고는 아무것도 믿을 수 없다는 데카르트의 사상과 영국의 경험론 철학으로 발전해왔다. 이렇게 근대 서양의 철학은 '주체 중심'이었다. 주체적 관점에서 어떤 대상의 '객관성'은 결코 보장되지 않는다, 다만 비상식적인 회의주의로 흐르는 것은 경계해야 한다.

참고로, '상호주관성intersubjectivity'이라는 개념을 알아두면 좋다. 인문학은 대개 주체적 관점 이외에 모든 것을 의심하므로, 엄밀히 말하면 '객관적으로 실재함'은 명확하지 않다. 관점을 중시하는 인문학은 객관성 대신에 다른 관점들 사이에서 일어나는 공통성을 뜻하는 상호주관성이 있다고 본다. 우리가 서로 다른 주관들 사이에 소통이 가능한 이유는 바로 이 상호주관성 때문이다.

우리들은 각자는 1인칭 관점을 가지고 있고, 타인의 1인칭 관점을 잘 이해하지 못할 때도 있지만 대개는 타인의 관점이 자신의 관점과 '원리적으로' 다르지 않을 것이라고 여긴다. 이는 옳은 추측인데, 생물학적으로 인간은 하나의 종이기 때문이다. 인문학적 소양이 있는 사람은 인간의 관점과 타인의 관점을 잘 예상할 수 있다. 물론 이 말은 독심술로 타인의 생각을 읽어낸다는 말이 아니다. 사람들이 '무엇을 좋아하고, 무엇을 싫어할 것인지'에 대해 잘 파악할 수 있다는 뜻이다. 인문학에서는 사람들이 '질'적으로 느끼는 것을 객관적인 소통의 요소라고 생각하고, 그것이 인간의 삶에 끼치는 영향을 연구하기 때문이다. 그러나 다른 학문에서는 그 요소를 무시한다. 예를 들어, 기술의 관점에서는 무조건 속도를 빠르게 하거나 많은 기능을 넣은 제품이 좋다고 생각한다. 그러나 인문학적 관점에서는 사람들이 실제로 겪는 경험을 통해 가치 있는 것이 무엇인지를 중요하게 여긴다. 사람들은 많은 기능을 바라기보다는, 자신의 삶에 실질적으로 도움을 주는 기능을 원한다. 그러므로 '인간의 삶이란 무엇이며, 무엇이 인간의 삶을 이롭게 할 것인가?'를 파악하는 일이 중요하다. 다시 말해서, 인간에게 있어 '삶의 질이란 무엇인가?'를 파악해야 한다.

　인문학은 '삶의 질'에 대해 연구한다. 그런데 '삶의 질'은 '주관적 관점'에 달려 있으므로, 사실 3인칭 관찰만으로는 제대로 파악하기 어렵다. 이는 인문학적 '통찰insight'로써 파악할 수 있다. 통찰이란 사람들의 생각뿐만 아니라, 세상의 모습을 인지할 때 겉으로 보이는 것을 넘어서 '꿰뚫어 봄'을 의미한다. 즉, 통찰력이란 '깊이 있게 보기'이다. 객관성만을 중시하는 학문에서는 어떤 대상이 객관적이라고 판단되면 그것으로 정의는 끝난다. 그러나 인문학에서는 끝없이 새로운 해석과 깊이 있는 해석을 도출해내기 위해 노력한다. 통찰력은 그렇게 '깊이 담긴 의미'를 찾는 힘이다.

인문학이 목표로 하는 '지혜'의 추구에는 '통찰력'도 큰 부분을 차지한다. 타인의 주관적 경험, 질적인 경험을 파악하기 위해서는 관점을 관통하는 통찰이 필요하다. 불교의 선문답禪問答(많은 대화를 하지 않아도 소통이 가능함)은 학식이 높은 스님들의 통찰력을 보여주는 예이다. 다만 우리는 깊이 꿰뚫어 보는 능력을 좀 더 실용적인 일에 써먹을 필요가 있다.

| IT기업의 인문학도들 |

기업이 만든 제품을 소비하는 것은 결국 사람이다. 그리고 구매의 선택권 역시 사람에게 있다. 사람들이 선택한 제품은 많이 팔리고, 선택하지 않은 제품은 팔리지 않는다. 사람들은 자신이 원하는 것을 구매하지, 기업이나 판매자가 원하는 것을 사지는 않는다.

대개 사람들은 자신이 얻는 가치(효용)가 지불하는 돈의 가치보다 더 높다고 판단할 때 제품을 구입한다. 경영학, 경제학에는 다음과 같은 유명한 부등식이 있다.

비용Cost 〈 가격Price 〈 소비자가 얻는 가치Value

정상적인 시장에서는 이러한 부등식이 성립한다. 즉, 회사에서는 생산 비용보다 높은 가격을 매기고, 소비자는 지불하는 돈보다 더 나은 가치를 얻기 위해 제품을 구매한다. 그래서 돈을 벌기 위해서는 소비자가 얻는 가치를 늘려야 하고, 소비자가 원하는 바를 충족시켜야 한다.

그런데 우리나라 기업들은 이 공식에 얼마나 충실할까? 다시 말해, 우리나라 기업들이 소비자가 얻는 가치의 관점을 얼마나 잘 따져보고 있느냐는 말이다. 어느 정도 노력은 하고 있지만, 아직은 부족한 점이 많아 보인다. 여전히 많은 기업들은 '기술 중심', '만드는 주체 중심'의 관점을 고수하고 있다. 이는 마치 '우리 기업에서 새로운 기술로 새 제품을 만들었으니 소비자들이 사줄 것임에 틀림없다'는 생각과 다를 바 없다.

과거 우리나라는 보호무역과 정경유착 등으로 인해 한두 개의 거대 기업이 시장을 지배하는 '독과점'이 대부분이었다. 소비자들은 어쩔 수 없이 대기업이 만든 제품을 구입할 수밖에 없었다. 하지만 지금은 상황이 다르다. 무역 자유화로 인해 시장이 개방되고, 인터넷이 보급되면서 소비자의 선택 폭이 엄청나게 넓어졌다. 이제 애국심에 호소하는 마케팅도 잘 통하지 않고, 역사적 감정으로 눈치를 봐야 했던 일본 제품을 사는 일에도 감정적 저항이 없다. 최근에는 해외 인터넷 사이트를 이용해 외국으로부터 물건을 직접 구입해서 배달시키는 풍토까지 유행하고 있다. 선택의 폭이 폭발적으로 증가한 지금, 기업의 판매처 역시 세계 시장으로 확대되었으며 이제 기업은 소비자들의 선택을 받기 위해 끊임없는 노력을 해야 한다. 즉, 소비자(사람)가 얻는 가치를 최우선적으로 생각해야 한다는 말이다.

인문학은 '질'적인 가치를 다루는 학문이다. 하지만 경영학과 경제학에서도 소비 생활에서 얻는 '가치'에 대해 이야기한다. 그러한 가치를 미시 경제학에서는 '효용'이라고 한다. 그런데 경영학과 경제학에서는 소비자가 얻는 효용을 말하기는 해도, 그것이 정확히 무엇인지에 대해서는 그 이상 해석하지 못한다. 효용이란 개인이 얻는 '주관적'이고 '추상적'인 개념이기 때문이다. 효용은 '효율성', '편의성'과는 또 다른 개념이다. 엄밀히 말해 효용은 객관적인 수치로 나타낼 수 없고, 주관적이므로 기업이나 판매자가 쉽게 예상할 수 없다. 따라서 기업이 제품을 많이 팔기 위해서는 소비자가 얻는 가치(효용)를 세밀하게 연구하고, 그에 맞는 제품을 만들어야 한다. 즉, 철저하게 소비자의 관점에서 소비자가 사용하고 싶어 하는 제품을 기획하고 생산해야 한다.

문제는 소비자가 사용하고 싶어 하는 제품을 미리 알아내는 일이 무척 어렵다는 점이다. 경영학에서 주로 사용하는 '시장 조사'는 커다란 한계가 있다. 사실 소비자들도 앞으로 어떤 제품이 나오면 좋을지를 잘 모르기 때문이다. 그래서 대개 개발자 또는 기업의 입장에서 '자신 또는 우리(기업)가 사용하고 싶은 것'을 만들곤 한다. 물론 스티브 잡스도 이러한 관점에서 제품을 만들었다. 그런데 어떻게 하면 '우리가 사용하고 싶은 제품'이 소비자들이 사용하고 싶은 제품과 같아질 수 있을까?

기술 개발자들이 흔히 빠지는 오류가 하나 있다. 그것은 바로 '이좋은 기술을 사용하지 않는 사람은 바보다'라는 생각이다. 물론 기술 개발자들은 자신이 뛰어난 기술을 개발하고, 그것이 적용된 제품의 출시를 보람으로 여기며, 그 제품에 대해 커다란 기대를 가진다. 그런데 소비자의 관점은 이와 다르다. 소비자들은 단지 자신의 삶과 경험에서 좋은 가치를 얻는 것으로만 판단한다. 기술적 관점에서 제품의 가치를 판단하는 것은 '기술지상주의'이며, 이는 사용자의 관점을 고려하지 않은 발상이다.

여기, 기술만을 앞세우다가 실패한 대표적인 사례가 있다. 바로 '구글글래스Google glass'이다. 구글글래스는 안경처럼 쓰는 웨어러블 기기로, 증강현실 기술 등의 많은 기능을 갖추었고, 첨단 신기술이 집약된 제품이다. 구글뿐만 아니라 많은 언론들도 구글글래스가 스마트

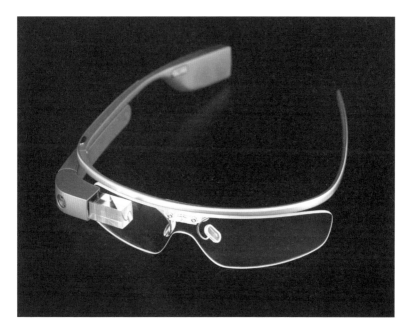

구글글래스. 스마트안경은 한때 스마트워치와 함께 미래의 먹거리가 될 대표적인 웨어러블 디바이스로 여겨졌다. 출시될 때까지 큰 기대를 모았으나 사생활 침해 우려 등 사람들의 인식이 나빠지면서 실패했다.

폰의 혁명처럼 새로운 바람을 일으킬지도 모른다며 극찬했다. 그러나 시장에 출시된 지 1년도 되지 않아 2015년 1월, 돌연 생산이 중단됐다. 사람들이 사지 않았던 것이다. 사람들은 구글글래스를 사용함으로써 어떠한 가치를 얻는지 납득하지 못했다. 구글을 비롯한 기업과 언론들은 이것이 완전한 실패는 아니며, 좀 더 개선한다면 곧 큰 성과를 거둘 수 있을 것이라 말하고 있다. 그러나 사람들은 여전히 그러한 형태의 웨어러블 기기로 얼마나 큰 효용을 얻을 수 있는지에 대해 고개를 갸우뚱거리고 있다.

삼성의 텔레비전. 삼성전자의 힘은 '고품격', '신뢰', '명품 디자인', '브랜드 이미지', '경영자의 태도와 이미지' 등 인문학적 소양에 크게 의지하고 있다.

반면, 삼성은 '인간 중심의 관점'과 '사람에게 주는 가치'를 고민한 끝에 성공을 거둔 사례를 남겼다. 2000년대 중반, 텔레비전 시장이 한창 과열되어 있을 때, 삼성의 고위 경영진들은 '왜 우리의 제품이 인정받지 못하는가?'에 대해 깊은 고민에 빠졌다. 당시 삼성의 텔레비전은 경쟁사들의 제품과 비교해 기술력이나 외관이 비슷한 수준이었고, 기술 개발자들은 어떻게 하면 더 좋은 기술을 시장에 선보일까만 고민하고 있었다. 하지만 소비자들은 무차별적인 기술 퍼레이드에 싫증을 느끼고 있었고, 더 좋은 기능에 대한 필요성도 크게 절감하지 못했다. 삼성의 경영진들은 문제를 다시 생각해보기로 했다. 그들은 '텔레비전을 어떻게 하면 더 많이 팔까?'에서 '가정에서 텔레비전이란 무엇일까?'를 고민하기 시작한 것이다.

삼성에서는 인문과학 분야의 전문가들을 팀으로 구성하여, 소비자를 관찰하도록 했다. 그리하여 사람들은 텔레비전을 거실에 두고, 이를 구매하는 주체는 여성이며, 여성들은 텔레비전의 외관에 불만이 많다는 사실을 알아냈다. 도무지 제품이 왜 팔리지 않는지를 고민하던 경영진들은 조사 결과를 통해, 텔레비전은 기술의 집약체가 아닌, '가구의 일종'이라는 사실을 깨달았고 어떻게 하면 여성들의 마음을 사로잡는 가구 디자인을 텔레비전에 접목시킬지를 구상했다. 이에 경영진들은 가구 디자인의 최고라 불리는 북유럽에 가서 직접 장인들에게 강좌를 들었으며, 텔레비전이 주는 기술적 이미지를 최대한 부드럽고 은은하게 만들고자 노력했다. 그렇게 삼성의 기술과 소비자(사람)에 대한 이해가 결합하면서 텔레비전의 새로운 모델이 탄생했다. 이러한 관점의 전환으로 삼성은 5년 뒤 시장 점유율을 두 배 이상 증가시킬 수 있었다.

기술 개발자나 생산자가 아닌, 소비자들이 어떤 제품을 사용하고 싶어 하는지를 알기 위해서는 '기술 개발자의 관점'에서 벗어나야 한다. 스티브 잡스는 애초에 '기술'에만 중점을 두지 않고, '인문학', 즉 '사람'을 목표로 두고 개발에 임했기 때문에 자신들이 만든 제품과 소비자가 원하는 제품의 간극을 줄일 수 있었다. 그리고 오히려 기술을 개발하는 기업에는 기술을 잘 모르는 인문학 전공자들이 제품 개발에 도움을 줄 수 있다. 최근 미국에서 일어나고 있는 변화만 보아도 그렇다.

얼마 전부터 미국의 유명한 IT기업들의 인문학 전공자 채용이 늘고 있다. 인문학과 무관해 보이는 하드웨어를 주로 만드는 회사도 마찬가지이다. 세계적인 반도체 회사인 인텔Intel은 100여 명의 인문학자들로 구성된 '인텔 랩Intel Labs'을 운영하면서 사람들이 어떠한 가치와 욕구를 추구하는지 연구하고 있다. 뉴욕타임스NYT는 인텔이 반도체 중심의 영업 방향을 '사람 중심'으로 바꾸면서 랩의 중요성이 점점 더 커지고 있다고 보도했다. 이외에도 IBM과 제너럴 일렉트릭General

전통적인 기술 중심 기업이었던 IBM과 인텔. 두 기업은 최근 인문학적 가치를 인정하고, 인문학도를 적극 채용하고 있다.

Electric도 인문학자들을 초빙해 미래시장 연구 및 예측을 담당하는 부서를 만들었고, 한국의 LG전자는 사용자 관점의 제품을 개발하는 'LSRLife Soft Research' 연구소를 만들어 인문학자들을 영입하고 있다.

IT기업에서 인문학자들을 채용하는 주된 이유는 소비자가 원하는 제품을 만들기 위해서는 사람의 주관적인 경험과 욕구를 이해해야 한다고 판단했기 때문이다. 스티브 잡스는 일찍이 그 사실을 알았고, 생전에 마이크로소프트와 구글에 대해 '인문학이 없는 순수 기술 회사'라며 강하게 비판하기도 했다.

그런데 최근에는 전통적으로 기술력에 집중했던 마이크로소프트와 구글마저도 인문학에 주목하고 있다. 이 두 회사의 창업자들은 공학을 전공했으며, 특히 구글은 IT기업 중에서도 데이터 분석과 수학을 최대한 이용해서 기업의 전략을 결정하는 것으로 잘 알려져 있다. 그런데 사실 마이크로소프트의 빌 게이츠 회장은 기술, 경영, 문학을 가리지 않고 엄청나게 책을 많이 읽는 사람으로 "인문학이 없으면 나도, 컴퓨터도 없다."라고 말하기도 했다. 어쨌든 마이크로소프트와 구글은 인문학자들을 고용해 사내 연구소를 만들었으며, 2011년에 구글은 6,000명을 신규 채용하면서 5,000명을 인문학 전공자로 선발하기까지 했다. 그리고 그들을 개발직 등의 다양한 직무에 고루 배치했다. 과연 전통적인 기술 중심의 회사가 얼마나 바뀔 수 있을지는 모르겠지만, 이들 회사에서도 점차 인문학의 중요성을 깨달아가고 있는 것으로 보인다.

우리나라에서도 최근 인문학적 소양을 갖춘 인재가 각광받고 있지만, 현재는 대개 인문학적 소양을 부가적으로 갖춘 공학 전공자(엔지니어)를 우대하는 모양새다. 그런데 미국에서는 IT지식을 부가적으로 가진 인문학 전공자를 오히려 우대하는 분위기가 나타나고 있다. 미국 〈월스트리트저널〉은 인문학을 전공한 대학 졸업자들이 컴퓨터프로그래밍 등의 소프트웨어 기술 교육을 받고 IT업체에 취업하는 사례가 늘고 있다고 보도했다. 인문학 전공자에게 IT기술을 교육하는 사설기관이 늘고 있으며, 교육기관을 졸업하고 기업에 채용되면 교육비의 일부를 회사에서 환급해주는 제도도 운영하고 있다. IT업계에서도 이러한 채용 양상을 반기고 있다. 클라우드컴퓨팅 서비스업체인 '그래니커스Granicus'의 댄 멜턴 CTO(최고기술책임자)는 "소프트웨어 천재들은 이미 충분하다."라며 인문학도 채용의 필요성을 역설했다.

　IT제품의 성공에는 분명 사용자가 얻는 '가치'에 대한 연구가 필수적이다. 첨단 기술을 다루는 IT기업은 기술지상주의에 빠지기 쉽다. 그럴수록 더욱 신경 써야 하는 것이 바로 '사람의 경험', 즉 '인문학적 연구'이다. 사용자가 얻는 가치는 사람(사용자)의 관점에서 주관적으로 얻는 경험이므로, 그것을 알기 위해서는 기술 중심의 관점에서 벗어나야 한다.

| 소비자가 얻는 주관적 가치를 포착하다 : 사용자경험(UX) |

얼마 전까지만 해도 대다수의 전자제품은 기술자의 주도로 만들어졌다. 그러한 태도는 물론 사용자의 가치를 충족시켜주었고, 대부분 성공을 거두었다. 그런데 기존의 많은 제품들이 충족시켜준 사용자의 가치는 '수치'로 환산할 수 있는 '편의성'의 증대였다. 편의성의 향상은 '시간'과 '수고'를 덜어주는 것이다. 인터넷의 발전은 도서관을 찾아가는 수고를 덜어주었고, 핸드폰의 발명도 정보 교류를 위한 많은 시간과 노력을 줄여주었다. 그것은 기술자들도 쉽게 예상할 수 있는 가치의 향상이었다. 그러나 현대 사회에서는 그것만이 전부가 아니다. 수치로 쉽게 환산될 수 없는, 사용자가 얻는 가치가 있기 때문이다.

문제는 최근에 기업이 내놓는 제품들 간에 기술과 편의성의 격차가 점점 줄어들고 있다는 점이다. 이 요인이 줄어들면 다른 요인이 제품의 선택에서 더욱 중요해진다. 앞에서 계속 살펴보았던 '품격'이나 '도덕성', '창의성', '문화콘텐츠' 등이 그 예이다. 더불어 중요한 점은 바로 사용자가 갖는 '미묘한 경험의 차이'다. 여기서 '미묘한'이라는 말을 쓴 이유는 그것이 외부적으로 혹은 수치로 잘 설명되기 어려운 '주관적'인 가치이자 '감성적'인 경험이기 때문이다.

미묘한 경험의 차이는 사용자의 관점에서 발생한다. 기술자나 생산자가 만든 객관적인 편의성의 향상과는 완전히 다른 차원의 문제다. 이는 사용자의 '성향', '지향성', '습성', '주관성'과 관련이 있다.

UX 분야의 개척자 도널드 노먼. 90년대에 애플의 부사장을 역임하기도 했다. 그는 국내 언론과의 인터뷰에서 "이제는 제품을 사용하는 게 즐거워야 하고, 특별한 경험을 선사해줘야 하는 시대가 됐다."라며 사용자경험의 중요성을 강조했다.

인지과학의 대부이자, 〈비즈니스위크Businessweek〉가 선정한 '세계에서 가장 영향력 있는 디자이너' 중 한 사람인 도널드 노먼Donald Norman은 세계 최초로 UX, 사용자경험 디자인이라는 분야를 개척하고 연구해온 공학자이자 심리학자이다. UX란 제품과 기업, 소비자에 대한 연구와 경험을 바탕으로, 제품과 디자인의 패러다임이 사람을 향하는 '인간 중심의 개념'이다. 최근에는 IT제품 개발에서 UX에 대한 중요성이 급격히 증가했다. UX는 처음에 HCI^{Human Computer Interaction}, 즉 인간-컴퓨터 상호작용 분야에서 생긴 개념으로, 주로 IT제품을 사용함으로써 얻는 사용자 관점의 경험을 말한다. 그런데 이제는 IT제품을 넘어 모든 산업 분야에 적용되는 단어가 되었다.

물론 UX에 대한 관심이 커질수록, 인문학에 대한 관심도 많아진다. 연세대학교 HCI랩을 이끌고 있는 김진우 교수는 그의 저서『경험 디자인: 잡스, 철학자 듀이를 만나다』에서 이렇게 말하고 있다. "경험은 개인이 주체가 되기 때문에 지극히 개인적일 수밖에 없다. 따라서 경험 디자인이 다루는 경험 또한 매우 개인적이고 주관적일 수밖에 없다. 그런 만큼 경험 디자인은 인간에 대한 이해를 돕는 인문학을 적극적으로 받아들여야 한다." 이 책에서 김진우 교수는 실용주의 철학자 듀이_{John Dewey}의 사상과 서양의 경험론 철학, 동양의 유교 사상에서 사용자경험과 접목할 수 있는 지점을 찾고 있다.

UX는 기술이나 자본, 기업 중심이 아니라 '인간 중심'의 제품, 사용자의 주관적 경험을 위한 제품을 만드는 것이다. 이는 외부적으로 봤을 때 쉽게 눈에 띄지 않을 수도 있고, 사용해본 사람만이 경험해본 장점일 수 있다. 이상적인 UX가 적용된 제품과 그렇지 않은 제품의 특징을 분석하면 다음과 같다.

UX가 적용되지 않은 제품	UX가 적용된 제품
인간 중심이 아닌 것	인간 중심인 것
생산자가 기대하는 것	사용자가 기대하는 것
신기술에 주목한 것	사용자의 경험과 만족에 주목한 것
3인칭적인 것(객관적)	1인칭적인 것(주관적)
물질적인 것	심리적인 것
외부인이 봤을 때 좋아 보이는 것	사용하는 사람만이 알 수 있는 것
이성적으로 판단할 수 있는 것	감성적으로 느끼는 것
보편적인 것	개인적인 것

UX를 잘 활용한 대표적인 사례로 뽑히는 기업은 역시 애플이다. 우리에게 애플이 익숙해지기 이전, 그러니까 초창기 시절부터 애플은 인간 중심, UX의 철학을 실현해왔다.

과거 마이크로소프트의 컴퓨터 운영체제 DOS를 어떻게 사용했는지 기억하는 사람들이 많을 것이다. 단지 키보드를 이용해 일일이 명령어를 입력해야 했고, 컴퓨터를 사용하려면 외국어를 배우듯이 사용자가 컴퓨터 언어를 익혀야만 했다. 그런데 애플은 이러한 기존의 컴퓨터 사용 체계를 완전히 사용자 위주로 뒤바꾸어놓았다. 애플은 1983년에 세계 최초로 사용자가 그림으로 된 아이콘을 클릭하면 프로그램이 실현되는 UX인 'Graphic User Interface'를 구현한 '리사Lisa'를 출시했다. 그리고 그에 맞게 작은 마우스도 달았다.

애플의 리사. 리사의 등장은 혁신이었지만 가격이 너무 비싼 탓에 실패했고, 다음 해에 나온 '매킨토시'
가 성공을 거두었다.

마이크로소프트는 컴퓨터를 기술의 산물이자 기술이 주도하는 제
품으로 보았지만, 스티브 잡스는 컴퓨터를 인간의 경험에 맞추어야
한다고 보았다. 관점이 완전히 달랐던 것이다. 그리고 결국에는 마이
크로소프트도 윈도우즈Windows를 출시하며 애플의 뒤를 따랐다.

애플의 UX 철학은 아이폰에서도 잘 나타나고 있다. 자세히 열거하
자면 수도 없이 많겠지만, 대표적인 몇 가지를 살펴보자면, 우선 스큐
어모픽 디자인Skeuomorph Design을 들 수 있다. 스큐어모픽이란 연관되
는 실제의 대상을 모방한 디자인을 뜻하는 말로, 도구를 뜻하는 그리
스어 '스큐어skeuos'와 모양을 뜻하는 '모프morph'의 합성어이다. 이것

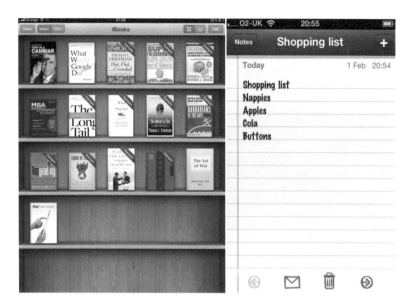

아이폰 속 스큐어모픽 디자인의 예.

은 사용자가 외부 세상에서 실제로 겪는 것과 동일한 경험을 누릴 수 있도록 디자인한 것을 의미하는데, 그만큼 사용자에게 익숙함을 제공하고 거부감을 낮출 수 있다. 아이폰의 애플리케이션 아이콘을 보면 마치 햇빛 아래에 있는 것처럼 그림자와 음영이 있다. 메모장은 실제 현실에서 쓰는 노트와 똑같은 모습으로 만들어놓았고, 뉴스 가판대 역시 진짜 나무로 만든 것 같은 질감을 여실히 드러냈다. 책을 클릭해서 책장을 손으로 넘기면 마치 진짜 책장이 넘어가는 듯한 모습과 소리가 나는 것도 바로 스큐어모픽의 예이다.

다만 최근에는 아이콘 등의 몇몇 부분에서 정밀하게 실제 사물을 복사한 것 같은 스큐어모픽 디자인보다는 간결하고 단순한 모양의 디자인으로 많이 바뀌었다. 초기에 사람들이 아이콘과 사용법에 익숙하지 않았을 때에는 거부감을 줄이고 적응하기 쉽게 만드는 것이 목표였지만, 이제는 인식하기 편하고 빠른 디자인이 더 적합하다고 판단했기 때문일 것이다.

아이폰의 UX가 잘 나타난 또 다른 부분은 '터치감'이다. 아이폰을 사용하는 사람이 다른 스마트폰을 사용하면서 가장 큰 차이를 느끼는 부분이 바로 이것이다. 아이폰의 훌륭한 터치감을 스티브 잡스는 어떻게 기획할 수 있었을까? 기술 중심의 관점이라면, 그것은 단연코 불가능해 보인다. 왜냐하면 기술 중심 관점의 사고는 화면을 작동시켰을 때 얻는 '3인칭 결과물'에만 관심이 있지, 사용자가 작동 과정에서 얻는 미묘한 경험에는 관심이 없기 때문이다.

아이폰 화면을 손으로 움직여보면 화면에 떠오른 대상은 마치 실제 사물을 만지는 것처럼 즉각적으로 반응하고, 이동하는 과정에서도 그 모습이 뭉개지거나 버벅거리지 않는다. 아이폰은 작동의 '과정'에서 얻는 '경험'에 심혈을 기울인 반면, 다른 업체의 스마트폰들은 사용자의 명령에 최종적인 '결과 값'을 내놓는 데에만 급급해 보인다.

화면을 스크롤하는 과정 역시 스큐어모픽 디자인을 동작으로 구현한 것이다. 이는 '팽이치기'에 비유할 수 있다. 팽이는 돌고 있을 때 가만히 놔두면 돌아가는 속도가 자연스럽게 감소하고, 이때 팽이를 다시 손으로 쳐주면 속도가 높아진다. 아이폰의 스크롤은 놀랍게도 이를 그대로 구현한다. 이로써 사용자는 실제 사물을 다루듯이 아이폰의 화면을 조작할 수 있다.

'편의성의 관점'에서 보면, 이는 매우 작은 차이일 수 있다. 다른 스마트폰도 빠르게 화면을 움직일 수 있고, 동작도 대체로 문제없이 반응하기 때문이다. 그러나 사용자들은 스마트폰을 단지 원하는 정보를 찾는 목적으로만 사용하는 것이 아니라, 보다 쉽고 재미있게 컨트롤하는 경험을 갖기를 원한다. 외부 사물과 동일하게 움직이는 스마트폰은 사용자에게 낯선 느낌을 없애주어 안정감을 주고, 제품의 신뢰도를 향상시킨다.

사용자와 제품 간의 상호 작용에서 '신뢰도'는 중요한 UX 요인 중 하나이다. 최대치의 성능이 아무리 좋다고 해도, 종종 오류가 나고 예상치 못한 동작을 일으키는 제품이라면 사용자는 낯섦과 두려움을 느끼고 점차 그 제품을 사용하기 꺼려할 것이다. 과거 마이크로소프트의 운영체계는 치명적인 오류를 일으키는 것으로 악명 높았고, 결과적으로 사용자에게 '안정감'을 주지 못했다. 반면 애플의 컴퓨터는 사용하는 동안 오류가 거의 없고, 보안문제에 있어서도 타 기종보다 우위를 보였다. 이러한 결과 역시 UX에 대한 관심의 차이에서 비롯된 것이다.

주관적 경험의 미묘한 차이를 말로 설명하기는 어렵다. 스티브 잡스 역시 경험을 데이터로 모아 기준을 정해놓고 제품을 만들지 않았다. 단지 '인간의 경험을 위한 제품'을 만드는 철학을 따르다 보니 자연스럽게 UX에 충실해졌을 것이다.

그런데 경영자의 입장에서는 이러한 논리에 대해 불만을 가질지도 모르겠다. 많은 경영자들은 기업 내 의사 결정의 근거가 객관성에 기초해야 하며, '데이터'나 '통계', '과학적 실험 결과'에 의한 것이어야 한다고 생각하기 때문이다. 그래서 인지과학에서 UX를 연구할 때 주로 수치화된 '실험 데이터'를 찾기 위해 애쓴다. 이를테면 웹페이지를 볼 때 사용자가 느끼는 피로도 같은 것이다. 그러나 실험 결과가 나온다고 해도, 협소한 분야에만 적용되고 있는 실정이다. 사용자경험의 요인과 적용 범위는 너무나 광범위한데, 그것을 모두 커버할 만한 보편적인 원리를 찾기 어렵기 때문이다.

그런데 UX를 개발할 때 꼭 숫자로 된 데이터가 필요할까? '숫자'의 장점은 회의나 의사 결정 과정에서 '명료한 소통'이 가능하다는 것인데, 꼭 숫자를 활용하지 않더라도 소통은 가능하다. 숫자만이 명료하다면 우리는 평소에 대화를 어떻게 하고, 공감과 공유된 의미를 어떻게 느낄 수 있을까? 상호주관성이 가능하듯, 우리는 숫자를 활용하지 않고서도 의미를 공유할 수 있으며 심지어는 '감성적인 것', '질적인 것'으로도 소통할 수 있다. 인문학은 언어와 기호, 디자인 등을 통해 소통이 가능하다고 가정한다. 인간은 생물학적 바탕이 동일하므로, 개인이 주관적으로 느끼는 감정이라도 타인 역시 동일한 느낌을 받을 수 있다. 그래서 개인적으로 느끼는 감정도 언어, 기호로 전달과 소통이 가능하다. 회사에서 일어나는 업무 상황을 예로 들자면, 기획서를 작성할 때 숫자가 하나도 없이 언어 또는 기호만으로도 창의적인 생각과 의미, 목표를 전달할 수 있다. 디자인을 예로 생각해보자. 디자인이 얼마나 훌륭한지 수치로 나타나는가? 우리는 '좋은 디자인'을 느낌으로 공유할 수 있는데, 이는 객관적이라기보다는 상호주관적으로 판단된다.

UX는 3인칭, 즉 객관적인 수치가 필요하지 않다. 단지 '사람들의 주관'에 공유되기만 하면 된다. 사실 숫자로는 궁극적인 UX를 정확하게 표현하기 어렵다. '언어'와 '의미'가 오히려 UX의 전달을 위해 더 좋은 도구이다. 다시 강조하지만 '숫자만이 명료하다'는 생각은 잘못되었다. 더구나 숫자가 제시된다고 그것이 항상 진실만을 가리킨다고 볼 수도 없다. 하버드 대학교를 졸업하고 토론토 대학교 로트먼 경영대학원장으로 있는 로저 마틴Roger Martin은 숫자를 맹신하는 '정량적 접근법'의 한계에 대해 이렇게 말했다. "정량적 접근법의 최대 약점은 현실 세계의 환경에서 실제 사건을 제거하고, 그 모형에 부합하지 않는 변수의 효과를 무시하는 등 인간의 행동을 맥락에서 떼어놓고 고찰하게 되는 행태 자체에 있다."

사용자경험은 물론 IT제품에만 적용되는 개념이 아니다. 사실 대부분의 산업 분야에서 과거부터 중요한 요인으로 작용하고 있었지만, 기술의 격차로 인해 가려졌을 뿐이다. 기술보다 서비스가 우선시되는 분야에서 사용자경험은 더욱 핵심적인 요인이다. 대표적인 분야로는 쇼핑몰, 테마파크, 요식업을 들 수 있다.

스타벅스는 미국에서 엄청난 성공을 거두었을 뿐만 아니라, 우리나라에서도 커피 붐을 일으킨 기업이다. 1990년대 말까지 우리나라에는 스타벅스와 같은 고급 커피 전문점이 없었다. 스타벅스가 인기를 끌면서 파스쿠찌, 커피빈, 엔제리너스, 카페베네 등이 뒤이어 개점을 했고 현재까지 유사한 커피 전문점들이 호황을 누리고 있다. 스타벅스가 전 세계적으로 성공할 수밖에 없었던 요인은 커피뿐만 아니라 '분위기'와 '경험'을 팔았다는 데에 있다. 당시에 많은 언론과 대중은 커피 한 잔 값이 밥 한 끼에 이르는 것을 비판하기도 했지만, 이는 단지 거품이 아니었다. 사람들은 스타벅스와 같은 고급 커피 전문점에서 새로운 삶의 '경험'을 누리고, 이는 일상의 질을 업그레이드시켰다.

홋카이도의 아사히야마동물원도 UX를 잘 활용한 사례로 볼 수 있다. 아사히야마동물원은 원래 소도시에 위치한 작은 동물원이었고, 한때 폐원 위기에 처했다. 그러나 최근에는 도쿄에 위치한 일본 최대의 동물원인 우에노동물원보다 관람객 수가 더 늘었다고 한다. 아사히야마동물원은 사람들과 동물들의 공간을 획일적으로 분리하지 않고, 동물들이 생활하는 공간을 최대한 크게 만든 후, 사람들이 동물을 가장 잘 관찰할 수 있는 통로를 만들었다. 예를 들어 높은 곳에 올라가기를 좋아하고 호기심이 많은 침팬지 우리에는 투명하고 높은 통로를 설치했는데, 이로써 침팬지는 호기심 때문에 사람을 더 많이 쳐

일본 훗카이도에 위치한 아사히야마동물원. 사람들이 동물을 더 가까이에서 접할 수 있도록 우리를 디자인했다.

다보게 되고, 사람들은 더 가까이에서 구경할 수 있게 되었다. 그리고 동물의 특징을 설명하는 획일적인 게시판 대신 사육사들이 직접 동물 행동 일지를 써서 게시하고 주기적으로 교체하도록 했다. 그로 인해 사람들은 보다 생생하게 동물을 체험하는 경험을 얻게 되었다.

조지프 파인B. Joseph Pine과 제임스 길모어James H. Gilmore는 『체험의 경제학』이라는 책에서 "이제부터는 제품이나 서비스가 아닌 '경험(체험)'을 파는 것이 가장 중요해질 것이다."라고 분석했다. 경험은 원가나 서비스 비용을 훨씬 뛰어넘는 부가가치를 생산한다. 사실 소비자들은 '좋은 경험'에 맞는 돈을 지출하지, 재료비나 인건비를 따져서 돈을 지불하지 않는다. 조지프 파인과 제임스 길모어는 정보화시대가 되면서 오히려 정보 그 자체는 공짜에 가까워지고, 기업의 가치를 더하고 차별화하기 위해서는 '경험'을 더해야 한다고 주장한다. 이는 비단 서비스 산업에만 해당되는 이야기가 아니라, 제조업을 포함한 다양한 산업 분야에 적용된다. 제품을 통해서 느끼는 경험만이 아니라, 문화와 결합함으로써 생기는 경험도 중요하다. 벤츠 승용차가 비싼데도 우리나라에서 많이 팔리는 이유는 벤츠가 '상류층의 상징'이고, 상류층의 사람들과 같은 차를 탄다는 '문화적 경험' 때문이다.

우리나라 요식업계에서 발생하고 있는 사례를 알아보자. 미국의 유명한 체인점이라고 해서, 우리나라에서 항상 성공하는 것만은 아니다. 스타벅스는 고급스러운 분위기와 새로운 문화를 제공함으로써 국내 시장에서 성공을 거두었지만, 최근에 많은 미국의 외식 체인 브랜드는 한국에서 고전하고 있다. 코코스, 씨즐러, 토니로마스, 마르쉐 등은 국내 시장에서 철수한 지 오래고, 10년 전만 해도 사람들이 입구에서 줄을 서던 베니건스, T.G.I.프라이데이스, 아웃백스테이크하우스도 최근에는 매출이 급격히 감소하면서 매장 수를 줄여가고 있다. 이는 단지 불황이 원인이라고 할 수는 없다. 최근 떠오르고 있는 외식 업체는 고급 한식 뷔페나 홍대나 가로수길에서 보이는 고품격의 경험과 메뉴에 특화된 레스토랑들이다.

미국식 외식 업체들이 국내 시장에 진출했을 당시에는 우리나라에서 경험할 수 없었던 '미국식 경험'을 소비자들에게 안겨주면서 커다란 인기를 끌었다. 그러나 그러한 경험은 최근에 들어 진부한 것이 되어버렸고, 새로운 경험을 제공해주지 못하면서 점차 인기가 떨어졌다. 이제 단지 '미국식', '태국식', '인도식' 경험만으로 승부하는 것은 큰 의미가 없다. 더불어 앞서 예로 든 업체들은 수년 간 메뉴 구성에도 커다란 변화를 주지 못했다. 이러한 자세는 변화하는 소비자의 경험 욕구와 동떨어진 채 미리 만들어놓은 획일화된 '기성 경험'을 파는 것뿐이다. 이제는 창의적이고 다채로운 경험, 고품격의 경험, 소비자의 입맛에 맞게 변형된 트렌디한 경험을 제공하는 업체가 시장에서 우위를 선점할 수 있다.

요식업뿐만 아니라, 서울에서 뜨는 상권으로 주목받는 지역도 마찬가지이다. 서울 시내에서 가장 활성화된 지역은 홍대 주변이나 가로수길, 경리단길을 들 수 있다. 홍대는 미대가 유명하기 때문에 사람들은 홍대 앞에 가면 '예술적 분위기'를 경험할 수 있었다. 그렇게 홍대는 사람들을 많이 끌어들였다. 가로수길과 경리단길도 고품격 경험, 이국적인 문화적 경험을 접할 수 있다는 면에서 급부상했다. 즉, 우리는 '사용자경험' 때문에 그곳을 찾는다. 그런데 이런 거리들이 너무 상업화되면, 대기업 점포들이 들어오면서 기존의 문화적 경험을 방해한다. 예술적 분위기로 각광을 받던 지역이 획일적인 대형 프랜차이즈 업계의 장악으로 인해 점차 활기를 잃어가는 모습을 우리는 수없이 목격하였다.

사용자경험은 기대하지 못할 법한 산업 분야에서도 중요한 요인이 될 수 있다. 극단적인 예로 '코카콜라'의 경우를 들 수 있다. 코카콜라는 일관되게 획일화된 제품을 파는 회사이다. 그러면 사용자경험에 대한 관심이 별로 필요없지 않을까? 그런데 사실 코카콜라가 최고의 위치를 계속 차지하고 있는 데에는 음료 자체의 품질 이외에, 사용자경험을 응용한 마케팅도 큰 역할을 했다. 전통적으로 코카콜라는 항상 새롭고 창의적인 마케팅을 선보이는 회사로 유명하다. 세련되거나 정감 넘치는 분위기의 광고를 통해 소비자들은 코카콜라를 소비함으로써 이와 같은 분위기를 경험할 수 있다. 최근 한국에서 출시된 코카콜라 병에는 큼지막한 글씨로 "자기야", "사랑해", "친구야", "우리가족", "잘될거야", "고마워" 등의 문구가 쓰여 있다. 콜라를 선물한다면 그러한 마음을 표현하는 경험을 가질 수 있고, 콜라병을 연결해 소비자는 하나의 문장을 만드는 재미있는 체험도 할 수 있다. 코카콜라가 사용자경험과 소비자 관점의 마케팅을 도입하지 않고, 단지 용기에 담긴 내용물로만 승부했다면 코카콜라의 성공가도가 흔들렸을지도 모르는 일이다.

사용자경험(UX) 중심의 제품을 만들기 위한 기업 전략 제안

· 소비자가 진정으로 원하는 욕구를 파악하라
· 기술적 가치보다는 사용자가 실제로 얻는 가치를 최우선시하라
· 사용자의 욕구와 관점을 이해하기 위해 인문학적 통찰을 활용하라
· 객관적으로 보이지 않는 제품의 사용 가치에 주목하라
· 사용자경험에 관심을 가지고, 제품 개발과 마케팅에 적극 도입하라
· 진부하고 획일화된 제품과 서비스보다는 새롭고 다양한 경험을
  소비자에게 제공하라

7장

인문학적 소양 5
비판적 사고와 표현력

최근 인문학적 소양에 대한 사람들의 관심이 늘어났지만, 아직도 많은 사람들은 인문학 텍스트에 담긴 지식을 아는 것이 인문학 공부의 목표라고 생각한다. 지식을 '이해'하기라도 하면 좋겠지만, 우리는 대부분 지식을 '암기'하는 데에 익숙하다. 이는 인문학적 소양의 테스트를 '지식' 위주로 하는 경향과, 우리나라의 공교육 방식 때문이다. 중·고등학교 때 배우는 역사, 사회, 윤리과목은 거의 암기과목처럼 여겨진다. 심지어 문학조차도 암기과목으로 변질되었다. 물론 지식을 외우는 것도 인문학적 소양을 기르는 데에 도움이 되지만, 인문학의 궁극적인 목표를 이루기 위해서는 다른 방식의 공부가 필요하다.

인문학은 '교양 증진'을 목표로 한다고 이야기했다. 좀 더 구체적으로 설명하자면 사고력, 도덕성, 표현력, 독해력, 창의력의 계발이 목표이다. '고기를 주지 말고 고기 잡는 법을 가르치라'는 유대인들의 속담처럼, 인문학은 결과적인 지식 습득보다 '정신적인 수준'과 '능력' 계발을 훨씬 더 중요하게 본다. 그 능력의 기초를 이루는 것이 '비판적 사고'와 자신의 견해를 드러내는 '표현력'이다.

원래 인문학에서 비판적 사고는 진리를 파악하기 위한 방법인데, 사회생활과 기업 활동을 하는 데에도 이는 유용한 역할을 한다. 그리고 자신의 견해를 설득력 있게 표현하기 위해서도 비판적이고 논리적인 사고가 필요하다. 여기서 말하는 '표현력'이란 '글쓰기'와 '말하기'

능력인데, 인문학은 그중에서도 글쓰기 능력의 향상과 관련이 크다. 표현력은 비판적 사고와 구분되는 능력이기는 하지만, 인문학적 소양의 좋은 능력 중 하나이므로 이번 장에서 함께 다루고자 한다.

먼저 '비판적 사고'에서 '비판'이 무슨 의미인지부터 정확하게 알아보자. 일반적으로 '비판'은 어떤 대상의 잘못을 들춰내는 태도이다. 인문학이 추구하는 비판적 사고도 이와 크게 다르지 않은데, 물론 막무가내로 '없는 잘못'을 만들어내거나, '비방'을 해서는 안 된다. 어떤 대상의 잘못을 가려내기 위해서는 그것이 '왜 잘못된 것인지'를 논리적으로 설명해야 한다. 인문학이 추구하는 비판적 사고는 바로 '왜?'에 집중한다. 종종 어떤 비판은 그것이 왜 잘못되었는가에 대한 과정과 설명 없이, '비판을 위한 비판'인 경우가 있다. 비판을 위한 비판은 결과적으로 그 대상이 잘못되었음을 미리 단정하고 출발하는 것을 의미한다. 이는 남의 잘못을 책잡는 '비난'과 다를 바 없다.

올바른 비판을 하기 위해서는 결과를 미리 예단하지 않고, 선입견을 배제한 채 공정하게 평가해야 한다. 그래서 잘못을 들춰내기도 하지만, 결과적으로 내 생각을 접고 다른 이의 입장에 동의하기도 한다. 그래서 비판적 사고란 대상에 대한 '결과적인 비판'이 아니라, '엄정한 평가의 과정'이라고도 볼 수 있다.

사안에 대해 엄정한 평가를 내리기 위해서는 어느 정도 비판적 관점이 필요하다. 즉, 섣불리 그 대상이 나쁘다고 결론을 내리지 않도록 대상의 주장에 동의하기 이전에 약간 동떨어져서 외부의 시각으로 바라봐야 한다. 모든 텍스트와 작품은 작가의 주장이나 관점이 존재하는데, 비판적 사고는 그 주장에 이유 없이 수긍하는 게 아니라 반론이나 다른 관점을 따져보게 한다. 그리고 자신의 생각과 반론이 타당한지도 되돌아보게 한다.

비판적 사고는 올바른 근거 없이 어떤 사실을 믿지 않는 태도이다. 그리고 기업 활동에 있어서 구성원들이 비판적 사고를 하지 않으면 기업이 위험에 빠질 수 있다. 얼마 전, 국내에서 이런 사례가 있었다.

2014년 12월, 국내를 떠들썩하게 했던 중소가전업체 '모뉴엘'의 파산은 여러 면에서 시사하는 바가 크다. 모뉴엘의 대표는 수출 실적을 거짓으로 작성했고, 대출신용평가자들에게 수억 원의 뇌물을 제공해 여러 은행들로부터 3조 4,000억 원가량을 대출받았다. 모뉴엘은 로봇청소기와 홈시어터PC 분야의 신기술을 앞세운 IT업체였는데, 사람들을 속인 주된 수법은 한마디로 '기술력에 대한 환상'이었다. 모뉴엘은 빌 게이츠가 2007년 세계가전박람회 기조연설에서 자사를 '주목할 만한 회사'라 극찬했다고 소문을 퍼트렸는데, 이 역시 허위였다. 그렇게 많은 기업과 소비자들이 기술에 대한 기대와 환상으로 인해 모뉴엘의 사기극에 말려들었다. 그런데, 이 환상에 속지 않은 한 사람이 있었다.

모뉴엘이 한창 사기극을 벌이던 와중이었다. 우리은행에서 850억 원을 대출받은 모뉴엘은 추가 대출을 요청했다. 그즈음 신문기사에는

2014년 미국 라스베이거스에서 열린 국제전자제품박람회에 참여한 모뉴엘의 부스 모습과 3조 원대 허위 수출에 관한 증거 자료.

모뉴엘의 기술력에 대한 빌 게이츠의 극찬이 연이어 보도되었고, 모뉴엘은 소위 말해 '시류를 탄 회사'처럼 보였다. 그러나 우리은행 산업 분석팀의 강 차장은 불현듯 뭔가 미심쩍다고 생각했다. 제출한 자료에는 모뉴엘의 매출이 최근 급성장했고, 이자 역시 꼬박꼬박 갚고 있었다. 겉보기에는 문제가 없었던 것이다. 이 때문에 다른 은행들은 앞다퉈 모뉴엘에게 더 많은 돈을 대출해주었고, 우리은행 영업부에서도 귀한 고객을 놓칠까 전전긍긍했다. 모뉴엘은 최종 고객과 직접 거래하지 않고 제3국에 세워진 페이퍼컴퍼니와 거래하는 식으로 수출을 했기 때문에, 다른 은행들은 그 거래 자료만 믿고 있었다. 그러나 우리은행 강 차장은 그 자료에 대해 비판적인 의문을 제시했다. 제품이 정말 많이 팔린다면 최종 소비자들도 많이 사야 하는데, 과연 모뉴엘의 제품이 시장에서 인기를 얻고 있는지에 대해 의심을 했던 것이다. 그는 이 사실을 확인하기 위해 인터넷을 뒤져봤다. 그런데 아마존, 베스트바이, 월마트 등 미국의 유명 유통회사 사이트에서 모뉴엘의 제품은 찾아볼 수가 없었다. 강차장의 의심은 더욱 커져갔지만, 마니아들이 사용하는 제품일지도 모른다는 생각에 좀 더 자세히 알아보기로 했다. 그는 모뉴엘이 미국 유통업체 ASI에 물건을 납품했다는 자료를 발견했고, 모뉴엘 측에 납품확인서를 요청했다. 그러나 납품확인서 대신에 돌아온 답변은 "우리가 을의 입장인데 어떻게 미국에 증빙을 요청하겠냐."라는 말뿐이었다. 뭔가 이상하다는 확신이 생긴 강 차장은 내부 심사팀을 약 두 달간 설득한 끝에 대출한 850억 원을 전액 회수시켰다.**13)** 이러한 결정은 당시의 시류를 거스른 것처럼 보였다.

이후 모뉴엘이 승승장구한다는 소식이 들려올 때마다 강 차장은 자신이 괜한 짓을 한 게 아닌가 하는 불안감에 시달렸다. 그러나 얼마 지나지 않아 진실이 모두 밝혀졌다. 모뉴엘의 매출과 홍보는 조작된 것이었고, 대출을 해준 은행들은 수천 억 원의 대출금을 떼이게 되었다. 이후 강 차장의 활약상은 각종 언론매체를 통해 보도되었고, 회사는 그에게 포상금을 지급했다. 강 차장은 독어독문학과를 졸업한 비정규직 사원이었다.

물론 인문학적 소양으로 비판적 사고를 가진다는 것이 꼭 신기술에 반대한다는 의미는 아니다. 좋은 기술, 시장성 있는 기술은 좋은 평가를 해줘야 한다. 다만 '거품'이나 '거짓말'을 그대로 믿는 게 문제이다. 우리는 기술이든, 평판이든, 소문이든, 부풀려진 허상과 거짓을

---

13) 「850억 모뉴엘 사기대출을 막은 사나이」, YTN, 2015.01

바로잡기 위해 비판적 사고를 해야 한다. 이는 기업의 성공뿐만 아니라, 미래를 대비하는 모든 과정에서 매우 중요하다. 이 사례에서 우리는 비판적 사고의 특징을 알 수 있다. 강 차장은 시류에 편승하지 않았고, 자료에 나온 숫자를 맹신하지 않았다. 그는 다른 사람들의 말에 현혹되지 않고, '주체적으로 사고'했다. 그리고 자신의 논리적 증거를 토대로 옳고 그름을 명확히 판단했다.

신세계 정용진 부회장은 몇 년 전부터 '인문학 전도사'를 자청하고 있다. 2015년 고려대 강연에서 그는 '스마트폰이 대중화된 시대'에 우리들의 '비판적 사고 능력'이 퇴화되고 있음을 지적했다. 그리고 인문

언제 어디서나 빠르게 원하는 것을 받아볼 수 있는 스마트폰은 많은 편리함을 가져다주었지만, 즉각적인 즐거움만을 추구하는 데에만 익숙하게 만드는 부작용도 있다. 빠르게 원하는 것을 추구하기 이전에 한 발짝 물러서서 관조해보는 자세가 필요하다.

학 공부를 통해 비판적 사고를 키워야 한다고 주장했다.

비판적 사고가 중요한 이유는 그것이 '사고력'과 '판단력' 계발에 결정적인 도움을 주기 때문이다. 비판적 사고는 '진실'을 찾기 위해 의심하고, 증거와 논리를 사용해 참과 거짓을 따지는 태도이다. 그래서 비판적 사고의 가장 큰 적은 이유 없이 믿는 태도와 무작정 시류에 따르는 것이다. 이러한 태도는 결과적으로 오류를 낳을 가능성이 크다.

기업이든 개인이든 의사 결정을 잘하기 위해서는 '비판적 사고'를 키워야 한다. 그리고 현재의 시장 상황에서는 국내 기업들에게 더욱 비판적 사고가 요구된다. 세계 시장을 대상으로 무한 경쟁을 벌여야 하고, 기업의 흥망성쇠 패턴이 상당히 짧아졌기 때문이다. 세계적인 대기업들도 그러한 변화에 민감해졌다. 과거에 신화적인 기업이었고 영원히 잘나갈 줄로 알았던 소니와 파나소닉, 노키아와 모토로라의 급격한 추락을 예상한 사람은 아무도 없었을 것이다. 이 기업들은 공통적으로 과거에 자신이 하던 방식대로 하면 미래에도 통할 것이라고 낙관했다. 예를 들어 소니는 자신이 만든 기술이 세계의 표준이 될 것이라 생각하고, MP3플레이어 대신 미니디스크(MD) 플레이어 개발에 막대한 투자를 했다. 그리고 PDP와 LCD 텔레비전 대신 브라운관 텔레비전에서 기술 혁신(트리니트론 기술)을 고집했다. 그러나 과거 방식에 안주한 자만심과 낙관주의는 곧 혹독한 대가를 가져다주었다. 더불어 2008년에는 서브프라임 모기지 부실 사태로 인해 미국의 투자

미국 투자은행 랭킹 4위였던 리먼 브라더스. 미국 부동산가격 하락에 따른 서브프라임모기지 부실 사태로 파산하고 말았다.

은행사 리먼 브라더스가 갑작스럽게 파산했고, 전 세계에 경제 위기가 닥쳐왔다. 당시 미국에서는 주택 가격에 거품이 있었는데, 사람들은 그에 편승해서 주택담보대출(서브프라임 모기지)을 받아 너도 나도 주택을 사들였다. 리먼 브라더스 또는 금융당국이 그 투자 열기가 거품이라는 것을 미리 판단하고 냉철하게 대처했더라면 아마도 이런 사태는 벌어지지 않았을 것이다. 2000년 즈음, 전 세계를 들썩이게 한 인터넷 벤처 붐은 어떠한가? 그로 인해 소수의 사람들은 막대한 돈을 벌었지만, 결국 대부분은 거품으로 판명이 났고 수많은 사람들이 손해를 입었다.

과거 우리나라의 고도 성장기에는 정경유착이 심했고, 시장이 외국에 개방되지 않아 대기업들은 '땅 짚고 헤엄치기' 식으로도 내수시장을 지배할 수 있었다. 그런 상황이라면 비판적 사고보다는 오히려 기회주의식 사고가 더 좋은 성공의 방식이었을지 모른다. 그러나 이제는 상황이 다르다. 정보가 투명해지고 세계 시장이 하나로 연결되면서, 시류에 편승하는 기회주의는 점차 성공하기 어려워지고 있다. 왜냐하면 '거품'과 '거짓'은 정보의 부족과 불균형으로부터 발생하기 때문이다. 진실을 찾는 눈이 많아질수록 거품과 거짓, 그에 편승한 기회주의는 오래가지 못한다.

설령 어떤 시류가 있다고 할지라도 얼마 지나지 않아 본질로 되돌아오고, 모뉴엘 사태처럼 누군가는 큰 피해를 입게 될 것이다. 한 순간에 추락한 많은 기업들은 현재 시류에 따라 미래를 낙관하고 '본질'과 '진실'에 무관심했다. 비판적 사고는 특히 작은 오류가 커다란 피해를 낳을 수 있는 금융업계에서 더 중요한 덕목일 것이다.

| 인문학은 어떻게 비판적 사고를 키우는가 |

인문학은 '고전古典'을 많이 공부하는 학문이다. 그런데 왜 현대 실생활과 무관해 보이는 문헌을 탐독할까? 그 문헌에서 저자가 펼치는 사상과 지혜를 배울 수 있고, 과거 사람들의 생각과 역사를 알 수 있으며, 현재까지 이어진 사상의 흐름을 파악할 수 있고, 독해력과 사고력을 키울 수 있기 때문이다. 고전, 특히 철학 고전은 저자의 직접적인 주장과 지혜를 담고 있다. 우리가 아직까지 배우는 고전들은 대체로 좋은 가르침을 주기 때문에, 여전히 인정받고 배움의 대상이 된다. 완전히 틀리거나 비도덕적인 가르침이라면 세월의 흐름에 따라 자연스럽게 고전의 목록에서 탈락되었을 것이다.

그러나 아무리 좋은 고전이라고 해도, 그 가르침이 모두 따를 만하다는 이유로 배울 수는 없다. 사실 대부분의 고전은 좋은 가르침을 담고 있으면서, 동시에 세부적으로는 틀리거나 비도덕적인 가르침을 담고 있는 경우도 많다. 예를 들자면 고대 그리스와 중국, 조선시대의 인문학 문헌에는 어떤 계층에 대한 비이성적인 차별 관념이 곳곳에 자리하고 있다.

옛날에는 아니었을지 몰라도, 요즘의 체계화된 인문학 교육은 텍스트를 그대로 믿고 따르라고 가르치지 않는다. 아마도 조선시대 서당에서는 논어, 맹자, 대학, 중용과 같은 문헌을 그대로 믿고 따르라고 가르쳤을 것이다. 지금까지도 인문학에서는 이러한 문헌을 배우지만, 과거의 방식과는 큰 차이가 있다. 현대 인문학에서 그 문헌을 가르치는 이유는 인문학적 소양의 증진을 위해 '참고'하거나 '조사'하기 위해서이다.

텍스트에서 무엇이 따를 만한 것이고, 무엇이 따르면 안 되는지를 어떻게 판단할까? 심지어 텍스트는 해석이 동일하더라도, 그것을 적용시키는 시대적 상황이 다를 수 있다. 그래서 우리는 항상 '비판적 사고'에 따라 텍스트를 해석해야 한다. 비판적 사고를 훈련하면 타인이 말하는 대로 무작정 따라 하지 않을 수 있고, 거짓과 진실을 잘 가려내어 다가올 미래에 적절하게 대응할 수 있다.

이제부터는 다른 학문에서 찾아보기 어려운, 인문학의 특징으로 인해 비판적 사고가 향상되는 부분에 대해 살펴보자. 인문학에서 중요하게 여기는 '주체적으로 사고하기'와 '의심해보기'가 비판적 사고의 핵심 요인이 된다.

비판적 사고가 올바른 판단을 하는 능력이 되는 이유는 그로 인해 '진실'을 더 잘 발견할 수 있기 때문이다. 물론 인문학뿐만 아니라 자연과학도 진실이 무엇인지를 판단한다. 다만 그 방식에 차이가 있다. 앞서 설명했듯이, 자연과학은 '객관성'을 중시하는데, 객관성을 지닌 대상을 '경험(보이는 것)'과 '수학'이라고 전제한다. 반면에 인문학은 '관점'이 객관성보다 우선한다. 데카르트가 경험뿐만 아니라 심지어 수학까지 의심한 것처럼, '자신의 관점'에서 명확하게 따져보지 않은 사안은 무엇이든 간에 의심의 대상이 된다.

이 말의 의미는 무엇일까? 즉, '주체적으로 사고하는 태도'가 중요하다는 말이다. 주체적인 사고는 '자신의 관점'에서 생각하는 태도이다. 자신의 관점은 주관적이기 때문에 종종 오류를 일으킬 수 있고, 착각에 빠질 수도 있다. 그럼에도 인문학, 특히 철학에서는 '자신의 관점'에서 생각하는 태도를 무척이나 중요하게 여긴다.

자신의 관점에서 생각하라는 말은 자신의 생각만이 옳다는 뜻이 아니라. 자신이 확보한 증거와 논리를 최대한 이용해서 '스스로' 따져 보라는 말이다. 그러기 위해서는 자신이 가진 지식들을 의식적으로 떠올려 검토하고 지식들의 '정합성coherence'(비일관적인 부분을 가려내기)을 따져보는 '숙고'의 과정이 필요하다.

어떤 사람이 "중국에는 다 자라도 키가 1미터가 안 되는 코끼리가 있습니다."라는 말을 했다고 하자. 이 말을 어떻게 믿을 수 있을까? 만약 이 말을 한 사람이 평소에 거짓말을 많이 한 사람이라면, 확실한 증거가 없는 한 그의 말을 믿기 어려울 것이다. 하지만 이전에 그러한 내용의 기사를 접한 적이 있다면 신뢰는 상승한다. 결국 어떤 말을 믿고 안 믿고의 여부는 자신의 기억과 관념 안에 있는 증거로 결정된다.

어떤 사실을 뒷받침하는 증거가 자신에게 없는데, 누군가가 강하게 주장한다는 것만으로 그 말을 믿어야 할까? 철학에서는 대체로 믿지 말라고 가르친다. 비판적인 사고는 증거와 논리로 이루어지는 사고이다. 다른 사람의 주장을 들었을 때, 그것은 자신이 판단하거나 주장한 것이 아니고 자신과 동떨어져 있는 것이다. 그 사람이 잘못 생각할 수도 있고, 거짓말을 할 수도 있다. 이 때문에 그 주장을 받아들이기 위해서는 주장하는 사람의 관점이 아니라 자신의 관점, 자신의 머릿속 법정에서 지식과 경험, 논리를 가지고 주장을 받아들일지 말지를 판단해야 한다. 그것이 철학과 인문학에서 비판적 사고를 하는 방식이다.

그래서 비판적 사고를 잘하기 위해서는 많은 증거를 수집해야 한다. 지식의 암기도 이런 점에서 도움이 된다. 물론, 잘못된 증거를 수집할 수도 있으니 새로운 증거나 자신이 가진 증거가 올바른 것인지 판단하는 비판적 사고도 필요하다. 여기에는 '의심하는 자세'가 큰 역할을 한다.

의심하기는 비판적 사고를 위해 필요한 핵심적인 자세이다. 르네상스 이후, 데카르트가 근대 철학을 연 선구자로 인정받는 데에는 모든 것을 주체적 관점에서 밑바닥부터 의심해본, 이른바 '의심병'이 주된 역할을 했다.

확실한 앎을 위해 의심하는 태도는 바람직하지만, 의심이 모두 올바르다고 단정하기는 어렵다. 비판을 위한 비판이 잘못이듯이, 의심을 위한 의심도 잘못이다. 이는 '나의 생각만 옳고, 다른 사람의 주장에는 어떤 음모가 있음에 틀림없다'라는 독단주의이자, 과도한 음모론이다. 그리고 과도한 음모론에 빠지지 않으려면 '대안의 가능성'을 생각해보는 게 좋다. 만약 어떤 이야기가 의심된다면 가능성 있는 다른 대안을 떠올려보고, 그 대안이 사실에 부합하는지 따져봐야 한다. 적당한 대안이 떠오르지 않거나, 대안이 오히려 비현실적이라면 원래의 이야기가 진실일 가능성이 높다. 물론 대안의 가능성을 따져볼 때에도 올바른 증거가 필요하다.

사실 올바른 비판적 사고는 과도한 의심과 음모론에 빠지는 것을 방지한다. 자신의 사고 밑바닥까지 들어가서 '모든 것을 의심하고 비판하는 자세'는 자신의 고정관념과 독단도 의심하고 비판한다. 어설픈 비판적 사고는 스스로에 대한 비판은 하지 않은 채 남만 비판하는 태도이다.

비판적 사고는 철학과 인문학은 물론이고, 기술과 자연과학 분야에서도 역사적으로 높은 성취를 이루는 데에 큰 역할을 했다. 알버트 아인슈타인Albert Einstein이 고전 물리학의 패러다임을 바꾼 '상대성이론'을 수립하게 된 근저에는 자신의 관점에서 기초부터 다시 의심하고 따져본 비판적 사고가 있었다. 고전 물리학의 관점에서는 시간과 공간이 시점viewpoint에 무관하게 고정되어 있는 절대적인 것이라고 여겼다. 그렇게 되면 '빛의 속도'가 시점에 따라 상대적이어야 하는데, 아무도 이 생각을 의심하지 않았다. 그러나 아인슈타인은 빛의 속도가 절대적으로 고정되어 있으며 시간과 공간이 상대적일지 모른다고 생각했고, 결과적으로는 그의 생각이 옳았다. 뿐만 아니라, 많은 기술적 발명들은 기존의 방식에 대한 비판적 사고에서 비롯된다. 그러면 인문학이 아닌 이공계 학문을 배우는 것도 비판적 사고력을 높이는 데 도움이 되지 않을까?

물론 비판적 사고를 하기 위해서는 올바른 증거들과 지식들을 습득하는 게 중요하므로, 과학 기술 지식을 습득하는 것도 도움이 된다. 그러나 단지 지식의 습득뿐 아니라, 비판적 사고력 자체를 키우는

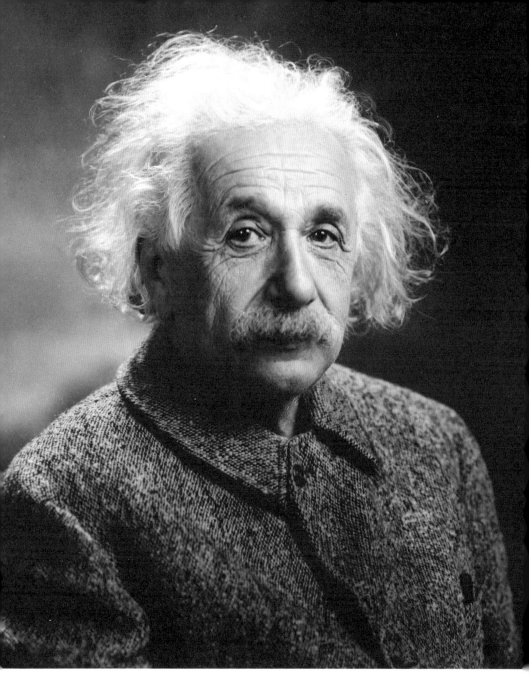

독일 태생의 이론물리학자 앨버트 아인슈타인.

것은 인문학을 공부하는 과정에서 두드러진다. 철학에서 비판적 사고 훈련을 하는 것은 말할 것도 없고, 역사학에서도 진실을 가리기 위한 비판적 토론이 빈번하게 일어난다. 사료가 비교적 뚜렷한 현대사에서도 역사적 진실을 가리기 위한 비판이 끊임없이 제기되는데, 더 먼 과거의 역사는 어떠하겠는가? 언어와 문학에서도 진리와 법칙이 뚜렷하지 않기 때문에 오히려 더 많은 비판이 제기될 수 있다.

인문학과 달리 이공계는 이미 존재하는 객관적 진리를 그대로 배우고, 이를 응용하는 기술을 익힌다. 물론 아직 밝혀지지 않은 과학적 사실도 있고, 발명되지 않은 기술도 많다. 그러나 이들은 기존에 밝혀진 법칙들을 토대 삼아 그 위에 조금 더 쌓아 올리는 것이다. 대학에서의 교육도 마찬가지이다. 어떤 법칙에 대해 개인적으로 의심해볼 수는 있지만, 현대의 정상과학은 이미 검증되었다고 판단되기 때문에 성과로 이어지기 어렵다. 아인슈타인이 고전물리학의 패러다임을 뒤집은 것은 사실이지만, 과학은 올바른 진리의 누적을 배우기 때문에 지금의 정상과학을 뒤집는 일은 거의 불가능하다. 그래서 수업시간에도 의심하고 비판하라는 숙제보다는 '적용하라'는 숙제를 내준다. 노벨물리학상을 수상한 과학자 리처드 파인만Richard Feynman은 양자역학을 의심하고 새롭게 해석하려는 사람들을 향해 "닥치고 계산이나 해라!(Shut up and calculate!)"라고 일갈하기도 했다.

그러나 인문학 교육에서는 '자신의 관점과 생각'을 가지는 것을 긍정적으로 본다. 대학 교육에서도 어떤 사상이나 이론에 대해 자신의 관점에서 논리적으로 평가하고 의견을 제시할 때 좋은 답안이라고 인정한다.

물론 인문학에서도 어떤 절대적인 '올바름'이 있다고 여기고 그것을 추구하기 때문에, 각자의 상대적인 관점이 모두 옳은 것은 아니다. 다만 답은 '열려 있고', 답을 하기 위해서는 논리적으로 타인을 설득시킬 수 있는 '올바른 방식'으로 해야 한다.

좋은 글쓰기를 위한 비판적 사고뿐 아니라, 많은 인문학 교육의 현장에서는 소통이 이루어진다. 이는 모르는 것을 물어보는 수준이 아니라, 비판적 사고로 인한 '반론'과 '토론'의 과정이다. 그래서 훌륭한 인문학 수업은 '소통이 활발한 교실'에서 이루어진다. 사실 일방적으로 듣기만하는 인문학 강좌는 비판적 사고력을 키우는 데에 부족한 점이 있다. 인문학을 가르치는 사람과 배우는 사람 간에 소통과 피드백의 과정이 비판적 사고를 키우는 데 큰 도움이 된다는 뜻이다.

그런데 비판적 사고에 대해 한 가지 우려를 제기할 수 있다. 혹시 비판적 사고가 창의성을 억압하지는 않을까? 상대방의 창의적 제안을 너무 비판만 하면 도리어 창의적인 생산에 부정적인 영향을 끼칠 수도 있기 때문이다.

비판적 사고의 목적은 상대방의 의견이나 진술에 잘못된 점이 있는지를 파악하기 위함이다. 그런데 대부분의 창의적 의견은 거짓을

미국의 철학자 마이클 센델은 강의 시간의 많은 부분을 토론에 할애한다. 수강생들은 수업 중에 자신의 생각을 주장하거나 이론에 대해 마음껏 비판할 수 있다.

꾸미려는 게 아니라, 단지 새로운 '가능성'을 고안한 것이다. 예를 들어 제품을 어떤 식으로 개선하면 더 좋겠다는 창의적 아이디어는 아직 벌어지지 않은 일에 대한 기대이므로 거짓이 아니다. 다만, 창의적 의견을 뒷받침하는 근거 자료는 비판적으로 검토할 필요가 있다. 근거 자료 중에서도 비판적 사고로 정확한 판결이 나는 경우가 있고 아닌 경우가 있는데, UX처럼 사람들의 감성이나 주관적 경험 요인에 근거한 것이라면 객관적으로 참과 거짓을 가리기 어렵다.

창의적인 아이디어나 결과물은 그 목적이나 가치를 말로 표현하기 어려울 수 있지만, 이에 대해 비판을 하기 위해서는 명확한 비판의 이유가 있어야 한다. 게다가 창의적 생각은 이유가 명확하지 않은 채, '무의식적'으로 떠오르는 경우가 많다. 그래서 '왜, 어떻게 이것을 고안했나?'를 묻기 전에, '왜 이것을 비판해야 하는가?'에 대한 이유를 먼저 제시해야 한다. 비판적 사고를 가진 사람들은 창조적 활동에 대해 이유 없는 태클을 걸지 않는다. 오히려 비판적 사고를 어설프게 하는 사람들이 비판의 이유를 제대로 제시하지 못한 채, 창조적 결과물을 비판하려 든다.

게다가 비판적 사고는 창의성을 증대시키기도 한다. 기존의 것을 그대로 따르기만 하거나 시류에 편승하면 창의성을 가질 수 없다. 창의적 제품은 고정관념을 깨거나 기존의 관습에서 벗어난 결과물이다. 그러므로 우리는 고정관념과 기존의 관습, 시류가 과연 올바른 것인지에 대해 의심해보는 자세를 가져야 한다. 시장을 선도하거나 커다란 성공을 거두는 기업은 시류를 따라가는 회사가 아니라, 새로운 시류와 유행을 창출하는 기업이기 때문이다.

| 좋은 글을 쓰기 위한 논리적 사고 기술 |

이 책에서 말하는 '표현력'이란 '글쓰기'와 '말하기' 능력을 의미한다. 인문학을 전공한 사람들이 글쓰기 능력이 좋다는 점은 많은 사람들에게 알려져 있다. 왜 그럴까? 인문학은 평가하고, 비판하며, 자신의 생각을 글로써 표현하는 학문이기 때문이다. 그리고 글은 타인과의 소통과 설득을 목적으로 한다. 인문학은 가치에 대해 다루는 학문이므로 이공계처럼 쉽게 객관성을 담보하기가 어려워 '논쟁'과 '토론'이 자주 벌어진다. 시험도 답이 정해져 있는 문제를 풀기보다는, 자신의 생각을 설득력 있게 서술하는 방식이 대부분이다.

기업에서는 구성원들의 좋은 글쓰기 능력이 필요할 때가 많다. 기업은 내·외부적으로 수많은 공문을 만들고 보내야 하는데, 말하고자 하는 핵심을 잘 전달하지 못하면 엄청난 피해가 발생할 수도 있다. 글을 잘못 쓰면 해석상에 오해가 발생해 곤혹스러운 상황에 처할 수도 있고, 설득해야 하는 글을 써야 한다면 상대방이 의심하고 따져볼 만한 부분을 미리 예상해서 꼼꼼히 대비하는 글을 써야 한다. 고객에게 보내는 메시지를 쓸 때에도 고객이 만족스러워할 수 있는 글을 써서 보내야 한다. 또한 설득력 있고 읽는 사람이 잘 이해할 수 있는 보고서나 기획서는 기업 내부의 소통을 원활하게 하고, 협동을 잘 하는 데에도 도움이 된다. 물론 제품의 설명서(매뉴얼)를 만든다든지, 글을 많이 넣어야 하는 제품을 만드는 경우에도 글쓰기가 중요하다는 사실은 말할 것도 없다.

그렇다면 어떤 글이 좋은 글일까? 좋은 글을 쓰기 위해서는 '어휘력'이나 '배경지식'도 중요하다. 그러나 좀 더 핵심적인 요인은 '설득력'과 '창의력'이다. 설득력은 읽는 사람이 동의하도록 만드는 힘이다.

사실, 설득을 잘하기 위해서 높은 수준의 어휘나 문체가 반드시 필요한 것은 아니다. 정말로 설득력 있는 글은 많이 배운 사람뿐만 아니라 어린아이도 이해하고 동의할 수 있어야 한다. 소크라테스는 청년들과 대화를 할 때 거듭된 질문과 대답을 통해 그들의 생각의 근원에 접근하도록 유도함으로써 당사자가 스스로 깨달음을 얻도록 유도했다. 이를 '산파술maieutike'이라고 하는데, 배움이 적은 사람이라도 차근차근 설명하고 소통하면서 높은 수준의 깨달음에 도달할 수 있도록 하는 방법이다. 이러한 방법이야말로 진정으로 좋은 설득력이다. 비록 자신이 공부한 텍스트는 어려운 것일지라도, 제대로 이해했다면 이를 잘 모르는 문외한에게도 이해하기 쉽도록 바꾸어 설명할 수 있어야 한다. 그래서 어려운 내용을 쉽게 풀어 설명할 수 있다는 것은 그 사안과 텍스트를 제대로 이해했다는 방증이기도 하다. 반면, 제대로 이해하지 못한 사람은 어려운 말을 그대로 베껴 쓸 수밖에 없다.

좋은 설득력을 갖기 위해서는 첫 번째로 '논리성'을 갖추어야 한다. 논리 정연함은 좋은 글을 판단하는 기준이 되고, 논리적인 글에는 누구나 설득을 당할 수밖에 없다.

논리력은 독서와 글쓰기, 토론 등을 통해서 키울 수도 있지만, 특히 철학의 '논리학'이라는 지식을 통해 집중적으로 배울 수 있다. 논리학은 여러 가지 명제들이 있을 때, 어떤 결론이 추론되는지를 알아보는 학문이다. 그리고 어떤 명제가 참인지 거짓인지를 가리기도 한다. 많은 사람들은 자신이 논리적이라고 생각하지만, 일상생활에서조차도 논리적으로 판단하지 못한다. 논리학의 기초적 수준이라 볼 수 있는 다음과 같은 오류를 종종 저지른다.

예시 1)

아궁이에 불을 피우면 굴뚝에서 연기가 난다.

굴뚝에서 연기가 난다.

그러므로 아궁이에 불을 피웠을 것이다.

예시 2)

영호가 수능시험을 잘 치르면 서울대에 갈 것이다.

영호는 수능시험을 잘 치르지 못했다.

그러므로 영호는 서울대에 가지 못할 것이다.

예시 3)

아이큐가 높은 사람은 학교 성적이 좋다.

철수는 학교 성적이 좋다.

그러므로 철수는 아이큐가 높을 것이다.

이것들은 모두 오류이다. 전문용어로 말하면 첫 번째는 '후건 긍정의 오류', 두 번째는 '전건 부정의 오류', 세 번째는 '매개념부주연fallacy of undistributed middle term의 오류'이다. 명제는 보통 주어subject와 술어predicate로 구성되는데, 주어부를 '전건', 술어부를 '후건'이라 부른다. 앞의 세 가지 예에서처럼 대전제의 전건과 후건이 각각 문장일 수 있는데, 'S이면 P이다(S→P)'의 형태이므로 문제가 없다.

먼저 후건 긍정의 오류는 후건(술어부)을 긍정했다는 것만으로 전건(주어부)도 긍정이 된다는 생각이 오류임을 의미하는 개념이다. 1번 예에서는 아궁이에 불을 피우지 않고도 연기만 굴뚝으로 내보내는 경우를 의심해볼 수 있다. 전건 부정의 오류는 전건을 부정함으로써 후건도 부정된다는 생각이 오류임을 의미한다. 2번 예에서는 영호가 수능시험을 못 치르더라도 다른 방법으로 서울대에 갈 수 있음을 생각해볼 수 있다. 마지막으로 매개념부주연에서는 삼단 논법의 두 명제를 연결시켜주는 매개념이 '적어도 한 번은 주연周延되어야 한다'는 법칙이 있다. 여기에서 주연이란, 그 대상이 지칭하는 '모든 것'을 의미하는데, 3번 예에서 '학교 성적이 좋다'(매개념)는 학교 성적이 좋은

'모든 사람'을 의미하지는 않는다. 그래서 철수는 아이큐가 높지 않으면서 학교 성적이 좋은 사람일 수도 있다는 의심을 해봐야 한다. 반면, 올바른 논리는 전건 긍정, 후건 부정, 선언지 제거14) 등이다. 논리학에서는 이런 기초적인 논리 개념에서 시작해서 매우 복잡한 논리학까지를 다룬다. 고급 레벨인 '양화논리'까지 배우지 않더라도, 논리학의 기본적인 개념을 다루는 책을 읽고 연습해보면 논리적으로 판단하는 능력이 습관처럼 길러진다. 무엇이 오류이고 무엇이 올바른 사고 과정인지 계속해서 따져보고 의심하기 때문이다.

그리고 논리학이 수학의 어떤 부분, 특히 집합론과 비슷하다는 점에서 수학 공부도 논리력 향상에 도움이 된다. 누구에게나 잘 알려진 수학 참고서인 『수학의 정석』의 머리말에도 "수학을 배우면 논리적 사고력이 높아진다."라고 쓰여 있지 않던가. 이 말이 옳은 이유는 수학은 항상 논리적으로 작동하는 체계이기 때문이다. 이와 유사한 예로, 컴퓨터 프로그램을 만드는 '코딩coding'이 있다. 프로그램은 수학적 체계로 작동하고, 컴퓨터는 항상 논리적 결과에 따라 값을 내놓는다. 그래서 수학뿐 아니라 코딩을 배우는 것도 논리력 향상에 도움이 된다. 다만, 수학의 고급 기술을 많이 익힐수록 논리력이 그에 비례하여 높아지는 것은 아니다. 예를 들어 삼각함수, 미적분, 선형대수 등은 논리학이라기보다는 수와 도형을 다루기 쉽게 만드는 '스킬skill'을 배우는 것이기 때문이다. 물론 높은 수준의 코딩도 마찬가지이다.

---

14) 선언지 제거의 예: 미자는 은행원이거나 경찰관이다. 미자는 은행원이 아니다. 그러므로 미자는 경찰관이다.

일반적으로 수학이나 코딩을 접함으로써 논리적 사고가 향상되기는 하지만, 논리적 사고로 어떤 주장을 펼칠 때에는 그 생각을 '언어', '개념', '일화'로 변환시키는 과정이 필요하다. 문장 단위에서 참과 거짓을 가릴 수 있는 것을 '명제proposition'라고 하는데, 글을 쓰거나 말을 할 때, 종합적인 판단을 할 때에는 언어나 개념으로 된 '명제'들의 진위를 잘 파악해야 한다. 그리고 인문학은 언어로 된 명제들의 진위를 잘 파악하는 데에 특화되어 있다. 사실, 컴퓨터와 수학은 거짓 명제를 판별하는데 한계가 있다. 왜냐하면 거기에는 '숫자'만 있을 뿐, '세계에 대한 지식'은 없기 때문이다. 예를 들어 수학과 컴퓨터는 '의자chair'를 정의할 수 없고, 그것이 무엇인지 모른다. 우리 주변의 수많은 명제들의 진위를 판별하기 위해서는 인문학과 논리학을 통한 논리력 향상이 필요하다.

논리적 사고력은 딱딱하고 분석적인 글을 쓸 때에만 필요한 것이 아니다. 사람들이 잘 모르는 사실 중 하나는 소설 같은 문학 작품을 쓰는 데에도 논리적 사고력이 굉장히 중요하다는 점이다. 소설을 읽는 독자들은 그저 소설 속에서 그려지는 상황과 세계를 받아들이기만 하면 되지만, 작가는 무無에서 하나의 세계를 창조해야만 한다. 판타지소설이든, 공상과학소설이든 그 세계에서의 인과적 흐름이 논리적·합리적이지 않으면 독자를 작품 안으로 끌어들이지 못한다. 소설가는 건물을 설계하듯이 소설의 구조를 논리적으로 만들어야 한다. 그러므로 소설(특히 장편소설)을 잘 쓰는 사람들은 논리력이 높은 사람이라고 볼 수 있다. 그러면 소설을 많이 읽으면 논리력이 높아질까? 소설을 읽을 때 '논리적인 세계'를 머릿속에 구상해야 하므로 어느 정도 도움이 되겠지만, 어떤 소설을 읽느냐에 따라 효과는 다르다. 아마도 소설 안에서 또 다른 논리적인 체계를 상상해야 하는 추리소설이 도움이 될 것으로 보인다.

좋은 글을 쓰기 위한 두 번째 요건은 '창의성'이다. 글쓰기에서 창의성은 크게 두 가지로 나타난다. 하나는 문학적·예술적인 창의성이고, 다른 하나는 철학에서 주로 쓰는 방식인 주체적 관점에서의 '비판적 사고'와 관련한 창의성이다. 물론 이 두 가지는 융합될 수 있다.

창의성은 기존에 볼 수 없었던 '새로움'을 만들어내는 것이다. 그리고 나 자신의 독자적인 생각을 표현하는 것이다. 특히 문학적·예술적인 창의성은 '색다름'을 중시한다. 플라톤은 '모방된 것일수록 이데아에서 멀어지고, 좋지 않다'라고 보았다. 그처럼 예술은 모방을 싫어하고 새로움의 창조를 좋아하는데, 인간에게 '호감'과 '인문학적 메시지'를 주는 작품일수록 가치가 높아진다. 다만, 색다름의 창조는 예술과 관련이 깊고, 논술이나 논설문에서 꼭 필요한 요인은 아니다.

비판적 사고와 관련된 창의성은 미적·예술적인 목적을 위한다기보다는 '올바른 진리를 찾기 위한 과정'이다. 그래서 새로운 주장이나 이론을 제안할 때 엄밀한 논증이 요구된다. 사람들이 가진 지식과 관점은 각기 다르므로, 자신의 관점에서 비판하면 서로 다른 생각과 주장이 나올 수 있다. 그렇다고 해서 색다른 주장을 하는 것만이 좋은 창의성은 아니다. 자신이 가진 지식과 논리를 펼치면서, '어떻게 그러한 결론에 이르게 되었는지'를 잘 설명해야 한다. 독자들은 글쓴이가 가진 주체적인 관점을 파악하고 싶어 하지, 다른 사람의 관점을 모방해서 쓴 글을 원하지는 않는다. 자신의 지식을 동원해 논리적인 주장을 펼치면 거기에서 독자적인 창의성이 나타나고, 독자들은 글쓴이가 주체적·비판적인 사고를 했다는 점을 깨닫게 된다.

글쓰기 실력을 높이기 위해서는 많이 읽고, 많이 쓰고, 많이 생각하라는 말이 있다. 그런데 이는 인문학 공부의 과정과 같다(추가로 인문학 공부에는 많이 토론하는 일도 필요하다). 그래서 인문학을 제대로 공부한다면 글쓰기 실력은 당연히 향상된다. 거기에 선생님의 검토와 피드백을 받는 과정을 거친다면 훨씬 효과적이다.

많이 읽는 과정을 통해 논리력과 어휘력이 향상되고, 글의 구조에 대해 배우게 된다. 많이 쓰는 과정은 실제로 글쓰기를 연습해보는 과정이며, 읽고 쓰는 과정에서 생각을 많이 하게 한다. 그리고 평소에 상상을 많이 해보는 것도 도움이 된다. 특히 충고하고 싶은 점은, 글의 목적과 분야, 장르에 따라 '쓰는 방식', 즉 들어갈 내용, 구성, 문체, 어휘의 난이도 등이 달라야 한다는 것이다. 공문을 쓸 때 특히 중점을 둬야 할 부분은 글의 명료성과 정확성일 것이고, 논문을 쓸 때에는 학술지 논문인지, 석·박사논문인지에 따라 쓰는 방식이 다르다. 소설도 장르와 길이에 따라 쓰는 방식이 다르다. 그래서 글을 읽을 때에도 분야와 목적이 무엇인지를 감안하고, 그 분야에서 쓰이는 방식의 특징을 파악하면서 읽는 것이 좋다.

인문학에서 '학술 논문'은 어떻게 쓰는지, 많은 이공계 전공자들이 궁금하게 생각할 줄로 안다. 이공계 분야에서는 논문을 어떻게, 그리고 무엇을 써야 하는지에 대해 이해하기 쉽다. 객관적 사실로 발견한 결과를 쓰면 되기 때문이다. 그런데 인문계에서 쓰는 논문은 그와는 다르다.

인문학에서의 학술 논문은 어떤 커다란 주제에 대해 자신의 주장을 글로써 논리적으로 설득시키는 것을 목적으로 한다. 물론 여기에는 창의성, 새로운 관점이 있어야 한다. 이는 어찌 보면, 자신의 생각을 주장하는 '토론의 과정'과 같다. 그런데 '단지 토론의 결과물이 학술적 가치가 있을까?'라고 묻는다면, '당연히 그렇다'라고 대답하고 싶다. 인문학 논문들이 가지는 중요한 가치는 논문 속에서의 주장이 많은 사람들을 설득시켜 점차 퍼져나가고, 우리의 정신과 가치관, 더 나아가 정치와 사회를 바꿀 수 있기 때문이다. 논문은 '작은 책'과 같다. 조선시대는 공자, 맹자의 유학과 주자학(성리학)에 절대적인 영향을 받았고, 루소의 『사회계약론』은 18세기 말 프랑스 혁명을 일으키는 계기로 작용했다. 마르크스의 『자본론』이 공산주의 혁명과 이후 세계사에 끼친 영향을 보라. 사람들의 생각을 바꾸는 것이 어찌 중요하지 않은 일이 될 수 있겠는가.

이 책에서 군이 강조하지는 않았지만, 표현력뿐만 아니라 '독해력'도 인문학 공부를 통해 증진되는 능력이다. 어려운 책을 많이 읽고 이해했다면, 독해력은 당연히 향상될 것이다. 독해력이 높은 사람은 텍스트를 표면적으로 이해하는 것이 아니라, '숨겨진 배경'이나 책이 가진 '가치와 의의'까지 깊이 있게 이해한다. 이는 단지 책을 잘 읽는 수준을 뛰어 넘어, '해석'을 잘하는 능력을 의미한다. 단지 책을 빨리 읽고 내용을 안다고 해서 책을 올바르게 읽었다고는 할 수 없다. 책을 읽는다는 것은 독자의 지적 수준으로 '책을 해석한다'는 의미이다. 그래서 똑같은 책이라도 나중에 다시 읽었을 때 다르게 읽히는 경험을 하곤 한다. 굉장히 높은 수준의 해석을 하는 경지는 인문학 공부를 어느 정도 한다고 해서 쉽게 달성할 수 있는 것이 아니다. 이는 '통찰력'이 필요한 경지이기 때문에 많은 독서는 물론, 깊고 폭넓은 사고와 꾸준한 인문학 공부가 필요하다.

다음으로 '말하기' 능력에 대해 알아보자. '말을 잘한다'는 개념은 상당히 포괄적이고, 다양한 요인들이 작동한다. 다만, 순발력 있고, 재치 있고, 진행을 잘하는 MC나 아나운서들의 말하기 능력에는 인문학 공부와는 별개로 행동적 연습(실제 경험)과 교정 같은 다른 방면의 연습이 전제되어야 한다는 것을 먼저 일러둔다.

모든 면은 아니더라도, 말하기 능력 역시 인문학 공부를 통해 향상시킬 수 있다. 심각한 문제에 대한 토론에서 상대방과 설전을 벌이거나, 대중 연설을 잘하는 능력에 인문학이 상당 부분 도움이 된다. 토론과 연설을 잘하기 위해서는 말에 설득력이 있어야 하고, 인문학적 지식과 상식, 어휘를 많이 알아야 하기 때문이다. 그리고 인문학의 한 분야인 '수사학rhetoric'도 스피치 능력과 관련이 있다. 수사학은 고대 그리스 시대에 토론과 웅변을 잘하기 위한 말의 기술로 개발되었고, 현대에도 독자적 분야로 발전하고 있다. 다만 수사학은 상대방을 이기거나 설득시키기 위해서 말의 본질이 아닌 '기술적인technical' 부분에 집중하므로, 진리와 윤리를 중시하는 인문학에서는 변방에 위치한다. 다만 그 구조와 원리를 연구한다면 순수한 인문학에 가까워질 수도 있다.

결론적으로 인문학 공부가 말하기 능력을 향상시키는 중점적인 요인은 스피치 기술이나 수사적 기법보다는 '비판적 사고'와 '논리력'을 바탕에 둔 '설득', 그리고 '어휘력'이다. 즉, 인문학이 말하는 능력을 높이는 원리는 글을 잘 쓰게 만드는 원리와 같다. 어쩌면 거짓말을 그럴듯하게 잘하는 사기꾼도 말을 잘하는 사람이라고 할 수 있지만, 인문학 공부를 통해 증진시키는 능력은 그와 다르다. 논리적으로 자신의 주장을 표현해 상대방을 설득하고, 상대방의 논리적 허점을 파고들어 토론에서 이기는 능력, 그리고 상황에 따른 적절하고 고급스러운 어휘 구사가 바로 인문학을 통해 기를 수 있는 말하기 능력이다.

| 비판적 사고로 본질을 파헤치다 : 워런 버핏의 투자 전략 |

비판적 사고는 진실과 본질을 찾기 위한 방법이고, 기업이 올바른 판단을 내리는 데에 도움이 된다. 산업 분야 중에 직접 제품을 생산하지 않고 세상에 대한 올바른 판단만으로 돈을 버는 업종이 바로 '금융업'이다. 그래서 금융업계에서는 비판적 사고력을 가진 사람들이 성공하는 경우가 많다. 금융업계에서 가장 성공한 사람인 워런 버핏Warren Buffett도 바로 그런 예이다.

워런 버핏은 세계 최고의 갑부 중 한 사람으로, 그는 오직 주식 투자만으로 엄청난 부를 쌓았다. 그가 이끄는 지주회사 버크셔 해서웨이Berkshire Hathaway는 코카콜라, 질레트, 아메리칸익스프레스, 워싱턴 포스트 등의 지분을 상당수 보유하고 있으며, 2014년에는 한 주당 가격이 2억 원을 돌파했다. 그야말로 버크셔 해서웨이의 투자 능력은 세계 최고라 할 만하고, 그 뒤에는 워런 버핏의 놀라운 비판적 사고가 한몫을 했다.

주식 투자만으로 돈을 벌기가 얼마나 어려운지는 많은 사람들이 알고 있다. 그런데 워런 버핏은 어떻게 자수성가를 하고 세계적인 갑부가 될 수 있었을까? 단지 운이 좋아서일까? 아니면 미국의 경제 성장기를 잘 활용했던 탓일까? 물론 그렇지 않다. 다른 사람이 아닌, '그'만이 독보적인 성공을 한 데에는 다 그럴 만한 이유가 있었다. 그리고 워런 버핏의 투자 전략은 운과는 거리가 멀다. 실제로 그의 성향

워런 버핏. 주식 투자만으로 세계 최고의 갑부가 되어 '오마하의 현인(Oracle of Omaha)'이라 불린다. 그는 철저하게 내재 가치를 따져서 투자하기로 유명하다.

은 운을 부정하는 편에 가깝다. 사실 운에 맡겼다면, 이렇게 지속적으로 어마어마한 성장을 이룰 수 없었을 것이다. 운은 단기적으로 긍정적인 효과를 낼 수 있지만, 장기적으로는 상쇄되기 때문이다.

워런 버핏의 일관된 투자 전략은 '가치 투자'이다. 가치 투자란 쉽게 말해 기업의 내재 가치, 즉 '본질'을 보고 투자하는 방식이다. 주식 시세가 기업의 본질적 가치에 비해 낮다면 매입을 하는 방식이다.

가치 투자를 할 때 지양해야 하는 두 가지 사항이 있다. 첫 번째는 '기술 분석'이고, 두 번째는 '시류에 따르는 것'이다. 워런 버핏은 일관되게 이 두 가지를 비판해왔다.

기술 분석이란 거래량, 주가, 시간 등의 수치를 분석하고, 함수로 만들어 미래를 예측하는 기법이다. 단기 매매에는 도움이 될 수도 있지만, 이는 변동을 연구하는 수학일 뿐, 내재 가치가 빠져 있다. 워런 버핏은 기술 분석에 대해 이렇게 말했다. "나는 여기저기서 쏟아져 나오는 그럴듯한 예측과 분석들을 전혀 이해하지 못한다. 다행히도 그것들은 내가 경제를 예측할 때 전혀 활용되지 않는다. 나는 한눈에 봐도 확연히 알 수 있는 중요한 것에만 주목한다."

물론 워런 버핏이 수학을 싫어한다는 말이 아니다. 다만 그는 내재 가치가 빠진 수학적 모델을 싫어했을 뿐이다. 그는 '수학적 논리'를 철저하게 따르는 동시에, 수학적으로 표현되지 않는 자신의 '직감'도 따랐다. 거기에서 그의 천재적인 능력을 엿볼 수 있다.

워런 버핏이 수학적 논리를 따랐다는 것은 그가 기업의 내재 가치를 판단할 때 사업보고서를 지독하리만큼 분석하고, 철저한 논리에 따라 가치 판단을 내렸다는 사실로부터 알 수 있다. 그러나 다른 한편으로 그는 수학이 문제 해결 방안의 전부는 아니라는 점도 잘 알고 있었다. 미래는 완전한 예측이 불가능하고, 가치는 수치로 정확히 표현되기가 어렵기 때문이다. 그래서 그는 자신의 천재적인 직감을 적극 활용했다.

"자신의 직감을 믿어라. 주식과 기업을 선택할 때 직감을 우선적으로 고려하라. 이런 직감은 기업에 대한 충분한 이해보다 우선시되는 것이다."

직감은 자신의 경험과 지식, 논리가 합쳐져서 '자신의 고유한 능력으로 가치를 판단하는 능력'이다. 그리고 자신의 직감을 믿는다는 말은 타인의 의견이나 시류에 휩쓸리는 것이 아니라, 순전히 자신의 모든 지식과 능력을 총동원하여 판단함을 의미한다. 워런 버핏의 천재적인 직감은 단지 타고난 게 아니라, 많은 공부와 수련을 통해 만들어진 '통찰력'이었다. 그의 좋은 직감은 평소 공부하고 연구하는 습관에서 비롯되었다. 워런 버핏은 하루에 최소 여섯 시간 이상을 기업보고서, 인문학·경영학 서적, 신문을 읽는 데에 소비한다고 한다.

워런 버핏이 어느 기업에 투자를 하면서 기업 CEO와 면담을 했는데, CEO는 워런 버핏의 질문을 듣고 몹시 놀라워했다는 일화가 있다. 그가 자신보다 기업에 대해 더 많이 알고 있었기 때문이다. 워런 버핏은 자신이 잘 모르는 기업에는 투자를 하지 않는다. 그는 '자신이 아는 것'만 확실하다고 생각하고, 오직 그에 따라서만 투자 판단을 내린다. 즉, '주체적으로 사고하는 태도'를 지니고 있다.

대다수의 사람들은 다른 사람들이 많이 사는 주식을 따라 사고,

그에 편승하면 돈을 벌 수 있을 거라 생각한다. 사람들이 주식을 더 많이 살수록 주가는 오르게 마련이므로 시류에 편승하는 편이 어떤 면에서는 도움이 될 수 있다. 그러나 이는 매우 위험한 행동이다.

1990년대 말, 인터넷 벤처 기술주를 필두로 미국 나스닥 증시가 폭등했다. 당시는 전 세계적으로 인터넷 벤처 붐이 일 때였다. 그러나 워런 버핏은 벤처 주식에 투자하지 않았다. 당시 인터넷 관련 기업들이 내재 가치에 비해 주가가 너무 부풀려져 있다고 생각했기 때문이다. 또한 첨단 기술주에 대해 본인이 아는 지식이 부족했고, 판단의 증거가 없어서이기도 했다. 어떤 사람들은 황금 같은 기회를 놓친 워런 버핏을 비웃었지만, 그는 모험을 하지 않는다는 자신만의 원칙을 지켰다. 물론 얼마 지나지 않아, 2000년에 거품은 꺼지고 주가는 폭락했다.

워런 버핏은 결코 시류에 따르는 '투기'를 하지 않았다. 정당한 가치를 알아보고 장기적인 투자를 했을 때 결과적으로 좋은 성과가 났으며, 그것이 도덕적으로도 올바른 일이기 때문이다. 일확천금을 노리는 투기 물결은 마치 '폭탄 돌리기'와 같고, 결국 폭탄이 터지면 국가와 사회, 나아가 전 세계적인 경제위기를 불러올 수 있다.

비판적 사고는 위험을 방지하는 데에 주된 역할을 한다. 워런 버핏은 '위험 회피'를 주식 투자의 가장 일차적인 규칙으로 세웠다. 그의 두 가지 규칙은 다음과 같다.

첫 번째 규칙: 돈을 잃지 않는다.

두 번째 규칙: 첫 번째 규칙을 지킨다.

위험 회피 규칙은 마치 보수적인 투자를 유도하는 것처럼 보인다. 그러나 사실 비판적 사고는 보수적 자세만을 유발하지는 않는다. 만약 자신의 주체적 관점에서 확신이 생기면, 그에 따라 과감한 판단과 행위를 할 수 있기 때문이다.

주식 투자를 할 때 '한 바구니에 계란을 너무 많이 담지 마라'는 말이 있다. 위험을 분산시켜 손실을 최소화하라는 뜻이다. 그러나 워런 버핏은 분산 투자에 대해서도 회의적이었다. 자신이 정말로 잘 알고 있다면, 굳이 분산 투자를 할 필요가 없기 때문이다.

"분산 투자는 무지에 대한 보호책이다. 자신이 무슨 일을 하고 있는지 아는 사람에게는 분산 투자는 비합리적으로 보인다."

그래서 워런 버핏은 '계란을 한 바구니에 몰아넣는', 이른바 집중 투자를 한 것으로 유명하다. 자신의 비판적·주체적 사고로 확신이 생긴다면, 그것이야말로 옳은 일이므로 주저할 필요가 없다. 물론, 비판적 사고를 통해 '진실'을 잘 찾는 능력이 전제되어야 한다.

워런 버핏의 성공담으로 우리가 깨달을 수 있는 교훈은 무엇일까? 변동이 심하고 한 치 앞도 내다볼 수 없는 주식시장에서 궁극적인 승자는 위험을 회피하는 '비판적 사고'를 가진 사람이라는 것이다. 비판적 사고는 자신이 아는 증거와 논리들을 최대한 동원해서 타인의 말을 쉽게 믿지 않고 주체적으로 판단하는 태도이다. 워런 버핏은 '진실'과 '본질'을 어떻게 찾는지 알고 있었다. 그의 철학은 '주가는 반드시 기업의 내재 가치, 즉 진실과 본질로 회귀한다'였고, 이는 그의 성공으로 증명되었다.

워런 버핏은 2015년 투자자들에게 보내는 서한에서 버크셔 해서웨이의 차기 CEO는 'ABC'의 3대 악습을 가지지 않은 사람이어야 한다고 전했다. A는 오만arrogance, B는 관료주의bureaucracy, C는 현실 안주complacency이다. 그리고 "아무리 세계 최강 기업이라도 이 세 가지의 암 덩어리를 막아내지 못하면 몰락할 수밖에 없다."라고 덧붙였다. 즉, 현실에 안주하고 미래를 낙관적으로만 보며, 비판적 사고를 하지 않는 오만한 태도가 기업을 망하게 만드는 가장 큰 요인이라는 뜻이다. 한편, 오래전부터 워런 버핏은 후계자가 갖추어야 할 3대 성품으로 위험을 가려내는 혜안, 독립적인 사고, 상대를 이해하는 능력을 꼽았다.

인문학은 의심하고, 비판하고, 주체적 관점에서 사고하는 훈련을 시키므로 '비판적 사고'를 증진시키는 데에 도움이 된다. 워런 버핏은 경영학도 출신이긴 하지만, 세계적인 투자가들 중에는 인문학도 출신이 생각보다 많은 편이다.

2015년 세계 100대 부자들의 출신 전공을 알아본 결과, 9명이 인

(왼쪽부터 순서대로) 소로스펀드매니지먼트 회장 조지 소로스, 행동주의 투자가 칼 아이칸, 뉴스코퍼레이션 회장 루퍼트 머독.

문학 출신이었고, 그중에서 3명은 철학과 출신이었다(경영학 출신은 12명, 경제학 출신은 8명, 법학 출신은 2명이었으며, 대학을 나오지 않아 전공이 없는 사람이 32명이었다). 그리고 철학과 출신의 3명은 막대한 부를 물려받은 사람이 아니었다. 그들은 바로 세계 최고 수준의 투자가들인 조지 소로스George Soros, 칼 아이칸Carl Icahn, 루퍼트 머독Rupert Murdoch이다.

비판적 사고를 통해 위험을 방지하기 위한 기업 전략 제안

· 낙관주의를 경계하고 의심하라

· 거품에 편승하기 보다는 본질을 찾아라

· 올바른 정보를 최대한 수집하여 진실을 찾아라

· 분야에 맞는 적절한 글을 작성할 수 있도록 구성원들에게 지속적으로
  글쓰기 교육을 하라

· 수학은 현재의 상황을 파악하는 데 중요하지만 미래를 예측하는 데에는
  한계가 있음을 감안하라

PART
3

세상과 미래를
보는 눈,
인문학

8장

인문학이
미래의 부를
창조한다

| 기술의 한계를 뛰어넘는 인문학의 힘 |

지금까지 다양한 사례를 통해 점차 산업에 미치는 인문학의 영향력이 증가하고 있음을 확인했다. 물론 과거에는 그 영향력이 크지 않았다는 점을 인정한다. 얼마 전까지만 해도 과학과 기술이 급격한 '혁명적 발전'을 이루면서, 인간의 삶을 뒤바꿔놓는 결정적인 역할을 했기 때문이다. 산업의 성격에 따라 전통적으로 인문학이 중심을 이루는 분야도 있었지만, 전 세계적으로 지난 수백여 년 간 과학과 기술의 발전은 정치·경제·사회에 커다란 변화를 일으켰다. 그런데 이제는 점차 상황이 바뀌어가고 있다.

우리나라는 유독 과학과 기술에 대한 기대와 믿음이 크다. 그 객관적 근거로 우리나라의 연구개발 투자액을 들 수 있다. 우리나라의 연구개발 투자액은 2012년에 국내총생산GDP 대비 세계 1위를 기록했다. 그리고 그 돈은 모두 과학과 기술 분야에 집중되었다. 반면, 과학기술이 거의 필요하지 않은 서비스업의 경우 연구개발 투자액이 매우 적다. 2014년 서비스 기업의 연구개발 지출은 경제협력개발기구OECD 24개국 중 꼴찌였다. 2015년 한 기사에 따르면 한국 서비스업의 노동생산성은 매우 낮은 수준이며, 일본의 70퍼센트이자 미국의 절반 수준이라고 한다. 즉, 서비스업에서 고부가 가치를 만들어내지 못하고 있는 것이다. 그 원인은 서비스업 종사자들의 개인 역량이 부족해서가 아니라, 서비스업에 연구개발 투자를 하지 않기 때문이다.

과학과 기술 연구에 많은 돈을 투자해서 성과라도 나오면 좋겠지만, 정작 결과는 그렇지 못한 것 같다. 기술무역수지가 OECD 국가중 하위권을 맴돌고 있기 때문이다. 한 언론사의 최근 기사는 정부와 지방자치단체가 공적자금(세금)을 기업의 연구개발과 학계의 연구자들에게 검증 없이 퍼주고 있다고 비판했다.15) 왜 우리나라는 제대로된 검증도 없이 연구개발에 대규모의 투자를 하고, 세금을 퍼부을까? 한마디로 과학 기술에 대한 환상이 크기 때문이다.

서비스업에 대한 연구개발 투자란 주로 문과학문, 즉 인문학적 연구에 대한 투자를 말한다. 우리나라는 '연구개발'이라고 하면 과학과 기술에 대한 투자라고만 생각하는 경향이 있는데, 이는 잘못된 생각이다. 서비스업은 전통적으로 인문학이 많이 관여하는 업종이다. 그런데 최근 들어 인문학이 서비스업뿐만 아니라, 제조업을 비롯한 모든 분야에 중요한 요소로서 개입하는 양상을 보이고 있다. 그 이유는 무엇일까? 바로 전반적인 산업계 내부에서 기술 격차가 급격히 줄어들고 있기 때문이다.

얼마 전까지는 과학 기술이 경제 발전을 주도한 것이 사실이다. 20세기 후반 컴퓨터의 발명과 보급, 핸드폰과 스마트폰의 등장은 우리 삶에 엄청난 변화를 불러일으켰고, 경제적으로 엄청난 시장과 부의 기회를 가져다주었다. 최근에는 스마트폰의 보급으로 많은 사람들의 삶

---

15) 「R&D·中企에 검증없이 퍼줘…뻥뚫린 세금도둑」, 매일경제, 2015.02

이 마법처럼 바뀌기도 했다. 그러한 혁신으로 인해 현재 선도적인 IT기업들의 기업 가치는 지금도 주식시장에서 최상위권을 유지하고 있다.

시장을 주도하는 IT기업들은 기술개발로 특허를 획득하고, 다른 기업들이 만들지 못하는 새로운 제품을 만들었다. 신기술이 적용된 제품은 특허권으로 인해 마치 '시장 독점'과 같은 지위를 가지며, 세계를 재패하고 엄청난 수익을 올렸다. 독점은 법적으로 금지되어 있지만, 기술개발로 인한 독점은 허용된다. 그것이 '특허권'인데, 이는 기술개발의 의욕을 높이고 발전에 기여한다. 독점이야말로 모든 회사와 경영자들이 꿈꾸는 특권이다. 그래서 많은 기업가들은 독점적 위치를 차지하기 위해 기술개발에 많은 투자를 한다.

그러나 한 가지, 많은 경영자들이 간과하는 것은 기술과 특허가 아닌 '인문학적 요인'에도 독점적 효력이 있다는 사실이다. '품격'이나 '사용자경험', '브랜드 이미지', '디자인'과 같은 요인이 독특함을 지니고 있는데 다른 기업들이 쉽게 따라 하거나 복제할 수 있을까? 결코 그렇지 않다. 인문학적 요인도 시장 내에서 독점적 지위와 효력을 갖기 때문이다. 기술은 복제가 쉽기 때문에 특허라는 제도를 만들었고, 인문학적 요인은 그 자체로 기술보다 모방하기가 더 어렵다. 심지어 '저작권'은 따로 등록하지 않아도 만든 시점부터 권리가 발생한다. 독점의 효력이 기술과 특허에만 발생한다는 생각은 오해이다.

기술개발이 이제까지 기업의 매출을 늘리고 많은 이익을 가져다준 원리를 알아보기 위해, 소비자의 관점에서 한번 생각해보자. 혁신적인 기술이 적용된 제품이 많이 팔렸다는 것은 그것이 소비자의 입장에서 좋은 가치가 있다는 의미이고, 그 가치는 '편의성의 증가'라고 볼 수 있다. 여기에서 말하는 편의성의 증가란 '힘(수고)'과 '시간'을 절약해준다는 뜻이다.

그런데 최근에 심상치 않은 기류가 감돌고 있다. 과거에 시장을 지배하는 기업은 독점적인 신기술을 가지고 있고, 그런 기술이 없는 기업들은 별다른 힘을 내지 못했다. 즉, 얼마 전까지는 일류 기업과 뒤처진 기업들, 선진국 기업과 비선진국 기업들 간의 기술 격차가 컸다. 그런데 요즘에는 그들 기업 간 기술 격차가 점점 줄어들고 있고, 많은 분야에서 거의 평준화에 가까워졌다. 신기술은 특허로 등록되는데 머지않아 특허가 풀리면서 범용 기술이 되고, 중국이나 인도, 동남아시아 기업 등 누구나 기술을 이용할 수 있게 되었다. 더불어 국제적인 기술 거래와 기업의 인수합병M&A이 자유로워졌다는 환경도 변화의 큰 요인으로 작용하고 있다. 과거에는 국가가 나서서 기술이 유출되지 않도록 통제했지만, 그러한 제약이 사라지면서 기술을 직접 개발하지 않아도 돈을 주고 기술을 사거나 기업을 아예 통째로 살 수 있게 되었다. 최근에는 중국 기업들이 M&A 방식을 적극 활용하고 있다. 애플이 핑거웍스를 인수한 것처럼, 필요한 기술이나 기업을 인수하는 방식이다.

중국 IT기업의 삼국지라 불리는 알리바바의 창업자 마윈, 텐센트의 창업자 마화텅, 바이두의 창업자 리엔훙.

    중국의 대표적인 ICT^{Internet and Communications Technologies} 기업인 알리바바^{Alibaba}, 텐센트^{Tencent}, 바이두^{Baidu}는 2014년부터 중국 내의 기업과 해외 기업을 적극적으로 인수하거나 투자하고 있다. 최근 급성장한 전자제품 제조회사인 샤오미^{Xiaomi}도 마찬가지이다. 2015년 상반기만 보아도 중국 기업들의 M&A 건수는 880건에 이르고, 거래 규모는 278억 달러(약 32조 원)였다. 2014년에 텐센트는 우리나라의 '넷마블게임스'에 5,300억 원을 투자했고, 중국의 한 의류업체는 국내의 유명 유아복업체 '아가방앤컴퍼니'를 인수했다. '올인'과 '주몽' 등으로 한류열풍을 이끌었던 '초록뱀미디어'의 경영권도 중국 회사에 120억 원에 매각되었다. 반면, 우리나라 기업들의 M&A 실적은 저조한 편이다. 이제는 우리도 적극적으로 국내외를 막론하고 기술과 기업을 인수해서 시너지효과를 창출할 필요가 있다. 창조는 자신이 가진 기술뿐만 아니라, 다른 기술을 조합할 때 이루어지기 때문이다.

기술 격차의 감소를 잘 보여주는 예로, 스마트폰을 들 수 있다. 한동안 스마트폰은 CPU와 메모리, 카메라, 디스플레이, 배터리 등의 성능이 계속 향상되어왔고, 사람들은 신기술이 반영된 스마트폰을 구입하기 위해 멀쩡한 핸드폰을 버리기까지 했다. 그런데 최근 스마트폰의 '스펙'과 '성능'의 향상은 한계에 다다랐다. 게다가 가장 앞서나가는 삼성과 애플의 제품은 중국, 러시아 제품의 스펙과 비교해 별반 차이가 없어졌다.

최근 발매된 삼성 갤럭시S6는 디자인 문제로 실패작이라 평가받은 갤럭시S5를 만회한 작품으로 여겨진다. 그런데 스펙과 성능으로만 따져보면, 비슷하거나 오히려 전작 갤럭시S5가 더 높다. 미국 컨슈머 리포트의 성능 평가에서는 갤럭시S6보다 갤럭시S5가 더 좋은 제품으로 조사되었다. 성능과 스펙을 높이는 일은 더 이상 불가능에 가깝다. 아니, 정확히 말하면 불필요하다. 실제로 업계 관계자들은 "이제 스마트폰에서의 스펙 경쟁은 무의미하다."라고 입을 모아 이야기하고 있다.

최근 스마트폰 시장은 저가 스마트폰 시장이 성장하면서 프리미엄 스마트폰과 양분화 되고 있는 추세이다. 저가 스마트폰 시장이 급성장한 이유는 기능과 스펙에서 고급 제품과의 차이가 급격히 줄어들었기 때문이다. 삼성이나 애플이 인위적으로 자사의 저가 스마트폰 스펙을 낮게 책정하려고 해도, 중국 기업을 비롯한 다른 회사의 저가 제품 스펙이 계속 높아지고 있기 때문에 스펙의 차이는 점점 줄어들 수밖에 없다. 이제 저가 스마트폰과 프리미엄 스마트폰의 차이점은 단지 '품격'과 '사용자경험의 미묘한 차이'일 뿐이다.

문제는 스마트폰뿐만 아니라 이제까지 기술력이 주도해온 전반적인 업계의 추세가 이와 유사하다는 것이다. 기술이 무한하게 발전할 수 있다는 것은 '기술지상주의적인 생각'이다. 그리고 우리는 기술이 실제로 무한하게 발전할 수 있을지 따져봐야 한다.

흔히 기술지상주의자들은 '기술은 인간이 필요성을 느낄 때에만 발전한다'는 원리를 간과한다. 그들은 인간이 무엇을 필요로 하는지에 관심이 없고, 단지 기술만 개발하면 모두가 사용할 것이라고 생각한다. 그러나 인간의 수요가 없으면 시장성도 없고, 결국 투자도 중지되어 기술은 더 이상 개발되지 않는다. 쓸모없는 기술의 개발이 중지되는 일은 투자금을 더 유용한 일에 쓰이도록 만들기 때문에 올바른 일이다. 그런데 그 시점이 생각보다 빨리 왔다.

어떻게 인간이 기술 발전의 필요성을 느끼지 못하는 시점이 생길 수 있을까? 그 근본적인 원리는 '인간의 생물학적 본성'에 '한계'와 '경계'가 있기 때문이다. 인간은 일정한 생물학적 본성이 있고, 효용은 거기에 맞게 발생한다. 그래서 기술의 발전으로 인한 효용의 증가도 경제학 용어인 '한계효용체감의 법칙'을 따른다. 한계효용체감의 법칙이란 어떤 재화의 소비를 계속 늘려나가면 나중에는 한 단위에서 얻는 효용이 점점 줄어든다는 법칙이다('한계효용'이란, 마지막 소비분이 가지는 효용을 말한다). 예를 들어 배가 고플 때 먹는 빵은 매우 맛있게 느껴지지만, 배가 부르면 빵을 먹었을 때 얻는 효용은 급격히 떨어지고 결국 더 이상 먹지 않게 된다. 기술의 발전으로 사람들이 얻는 한계효용도 이처럼 점차 줄어들고 있다.

텔레비전이나 모니터의 디스플레이 장치를 보자. HD급 선명도를 가진 디스플레이에 이어, 최근에는 UHD급 선명도를 가진 디스플레이가 출시되었다. HD급과 UHD급 화면은 미묘한 화질의 차이가 있고, 그로 인해 UHD급 제품을 사고자 하는 욕구가 생길 수 있다. 그러면 그 이후에 UHD급을 뛰어넘는 더욱 선명한 디스플레이가 출현하고 큰 인기를 끌까? 이는 어렵다고 본다. 인간의 '지각 능력'이 화질을 구분하는 데에 한계가 있기 때문이다. 즉, 인간의 생물학적 한계로 인해 더 이상의 기술은 불필요하다. 사실 많은 사람들은 HD급 화면을 보아도 충분한 만족감과 편의성을 얻을 수 있다. 굳이 UHD급 화면을 원하는 이유는 고급화, 명품 마케팅 때문이다. 애플도 초고해상도(4K) 텔레비전을 만들려고 했지만, 2014년에 이미 포기했다는 기사가 보도되었다. 그 대신 온라인TV 서비스와 같은 콘텐츠 공급에 주력하기로 했다.

음향기기는 또 어떠한가? 우리는 일반적으로 '좋은 음질'로 음악을 듣기를 원한다. 그러나 거기에도 한계가 있다. 계속 음질을 향상시킨 제품을 만들면 모두가 만족할까? 그렇지 않다. 소수의 '마니아'만

애플의 온라인 텔레비전.

사용할 것이다. 왜냐하면 사람들은 향상된 음질에 더 이상 커다란 차이를 느끼지 못하기 때문이다.

이에 대한 반박으로, 우리의 욕망은 한계가 없으며 몇몇 얼리 어답터early adopter들이 새로운 기술을 원하고 사용하면 그것이 점차 확산되어 마치 스마트폰처럼 엄청난 시장을 만들 것이라 주장하는 사람이 있을지도 모르겠다. 물론 어떤 신기술이든, 그것이 제품화된다면 얼리 어답터들이 구매하고 사용할 것이다. 그러나 마니아나 얼리 어답터들이 사용하는 제품은 '소수'가 사용하는 것에 불과하다는 점이 문제이다. 그리고 이는 커다란 블루오션이나 미래의 먹거리가 되지 못한다.

앞으로 5G의 시대가 오면 1기가바이트의 파일을 1초 만에 다운받을 수 있게 된다. 그 속도가 정말로 필요했던 얼리 어답터는 소수이다.

대부분의 사람들은 매일 하루에 영화를 수십 편씩 다운받아서 보지 않는다. 사람들은 그 시간에 친구를 만나거나, 공부를 하거나, 여가생활을 즐긴다. 만약 5G의 속도가 어느 정도 사람들에게 편의성을 준다고 가정해보자. 그렇다고 하더라도, 더욱 기술이 발전해 100기가바이트의 파일을 1초 만에 다운받기를 원하는 사람은 거의 없을 것이다.

기술 발전에 의한 한계효용체감은 세탁기, 냉장고, 카메라, 컴퓨터, 자동차 등 다른 제품들에서도 일어나고 있다. 심지어 생명공학이나 인공지능 로봇 같은 '꿈의 신기술'이라 불리는 것들도 마찬가지이다.

기술이 커다란 먹거리를 창출하기 위해서는 '많은 수요와 필요성'이 있어야 한다. 꿈의 신기술이라 불리는 제품들이 시장을 창출한다고는 하지만, 얼마나 많은 사람이 원할지에 대해서는 조사부터 제대로 이루어지지 않고 있다. 게다가 장점만을 생각하고 개발한 제품은 인간의 라이프스타일을 고려하지 않았기 때문에, 예기치 않은 커다란 단점으로 사장되는 경우가 종종 일어난다.

미국 벤처업체 세그웨이Segway가 2001년에 출시한 1인용 전동스쿠터 '세그웨이'는 미국뿐만 아니라 전 세계에서 사람들의 일상을 바꿀 혁신적인 제품처럼 찬사를 받았다. 그러나 출시 후 5개월 동안 6,000대 판매에 그치고 실패했다. 대다수의 사람들은 세그웨이를 타고 거리를 돌아다니기를 원하지 않았다. 사고의 위험도 컸고, 정서적인 위화감도 컸다.

미국의 세그웨이가 개발한 1인용 전동스쿠터 '세그웨이'. 혁신적 제품으로 기대를 모았으나 거품은 곧 꺼졌고, 2015년에 중국 기업 샤오미에 인수되었다.

사물인터넷과 자율주행자동차는 어떠할까? 이 역시 많은 문제점이 있는데, 그중 하나는 해킹, 바이러스, 사생활 침해의 위험성이다. 해킹과 바이러스의 치명적인 위험성을 감수하면서까지 사물인터넷과 자율주행자동차를 원하는 사람이 많을지는 미지수이다. 과연 우리가 그전에 쓰던 장치들이 그토록 불편한 것이었을까? 사람들은 사물인터넷과 자율주행자동차에서 어떠한 추가적인 효용을 얻을 수 있을까? 한계효용체감의 법칙은 여기에도 적용된다.

언론에서는 미래의 먹거리를 소개하면서 주로 다양한 신기술들을 이야기한다. 이해는 된다. 왜냐하면 미래의 기술은 미리 그려보기 쉽기 때문이다. 앞에서 이야기한 것처럼 기술의 발전은 '필요'가 생긴 뒤에 나타나므로 떠올리기 쉽지만, 창의성으로 인한 인문학적 결과물은 수요를 새롭게 창출하므로 예상하기 어렵다. 그렇다면, 정말로 꿈에 그리는 새로운 기술들이 미래의 확실한 먹거리가 될 수 있을까?

현재 선도적인 기술 중심 기업들의 고민을 보고 있자면 어느 정도 짐작이 된다. 과거 신기술이 큰 효용을 만들어내던 시대에는 앞으로의 개발 방향이 비교적 뚜렷하게 보였다. 물론 아이폰의 등장처럼 예상치 못한 경쟁자가 등장하는 경우도 있었지만, 지금처럼 미래가 불투명하지는 않았다. 삼성전자는 매우 다양한 전자제품을 생산하며, 빠르고 유연하게 생산 체계와 제품을 바꿀 수 있는 기업이다. 그러한 신속성과 유연성을 무기로 스마트폰으로의 시장 전환에 빠르게 대응했다. 그런데 삼성전자가 요즘 미래의 불확실성으로 고민이 많아 보인다. 가장 큰 먹거리인 스마트폰과 반도체의 미래가 모두 불투명하고, 성장 가능성이 한계에 이르렀기 때문이다. 이제 삼성전자는 새로운 먹거리를 찾아야 할 때인데, 마땅한 해결책은 좀처럼 나오지 않고 있다. 최근에는 바이오bio산업에 투자한다는 소식이 들려오고 있지만, 바이오는 너무나 폭넓고 모호한 개념이고 경쟁자도 많을 것으로 예상된다. 그렇다면 왜 삼성전자는 드론, 핀테크, 로봇, 인공지능, 자율주행자동차, 3D프린터에 많은 투자를 하지 않을까? 이것들이 정말로 커다란 먹거리라면 적극적인 투자를 하지 않을 리가 없을 텐데 말이다.

물론 기술자들이 대거 실업자가 될 것으로 보이지는 않는다. 그들에게도 기회는 열려 있다. 왜냐하면 기술의 격차가 줄어들면서, 후발주자들이 앞선 기술을 따라잡을 수 있고, 동등한 기술을 누릴 수 있기 때문이다. 앞으로는 범용 기술이나 기존의 기술을 얼마나 잘 조합하고 응용하는가가 중요해지는 시대다. 그러기 위해서는 기술자들이 필요하다. 그리고 이제까지 독점적인 기술력으로 세계를 지배해왔던 제품과 서비스, 예를 들어 컴퓨터 운영체제나 검색엔진 등도 국산화시키지 못하란 법이 없다. 앞선 기업들의 기술 성장이 정체되었기 때문이다. 마이크로소프트의 Windows 10이 최근에 출시되었다. 그런데 마이크로소프트 측은 Windows 10이 '마지막 Windows'이며, 세부적인 업그레이드만 있을 뿐 앞으로 더 이상 완전히 새로운 버전의 운영체제는 나오지 않을 것이라고 밝혔다. 왜 이러한 이야기를 한 것일까? 더 이상 사용성의 측면에서 혁신적인 제품을 만드는 일은 불가능하다는 것을 인정했다고밖에 볼 수 없다.

주로 휴대폰을 제조하는 우리나라 기업 '팬택Pantech'은 왜 몰락했을까? 2015년 초에 거의 파산 직전에 몰렸다가 최근 다시 인수되기 위한 협상을 벌이고 있다. 팬택은 기술개발 투자에 다른 어떤 기업보다도 더 적극적인 기업이었다. 현재까지 투입한 연구개발 비용만 3조 원이 넘고, 직원 열 명중 일곱 명이 기술자(엔지니어)였다. 보유한 특허만 약 4,000건이고, 1만 3,000여건이 출원 중이라고 한다. 하지만 팬택이 몰락한 이유는 단순하다. 소비자들이 제품을 사지 않았던 것이다. 한 언론사의 진단에 따르면, 그 이유가 높은 기술력에 비해 브랜드 가치와 인지도가 낮았기 때문이라고 한다.[16] 사실, '베가'와 같은

---

16) 「팬택의 몰락과 노키아의 부활…혁신의 興亡史」, 아시아경제, 2015.06

마이크로소프트의 Windows 10. 제리 닉슨 MS 개발자는 "Windows 10을 끝으로 더 이상 Windows 시리즈를 출시하지 않을 것이다."라고 밝혔다.

팬택의 휴대폰은 기능의 측면에서 삼성, LG의 휴대폰과 거의 차이가 없다. 심지어 '베가'는 홍보도 많이 했고, 인지도도 낮지 않았다. 다만 '브랜드 이미지', '품격', '사용자경험의 미묘한 차이'에서 뒤떨어졌을 뿐이다. 좀 더 설명하면, 그러한 인문학적·평판적 요인과 기술적 요인의 '불균형'이 심화되었던 것이 원인이었다. 인문학적 요인을 높일 자신이 없으면 차라리 균형을 맞춰서 중·저가 스마트폰으로 승부했어야 하는데, 기술력만 높으면 프리미엄 스마트폰이 되는 줄로 착각을 했던 것이다. 자, 그렇다면 지금 이 시점에서 기업들은 어느 부분에 신경을 써야 할까?

| 인간을 위한 가치를 생산하라 |

인문학은 정신적인 가치를 중시하는 반면, 산업에서의 '생산성'은 결과적으로 '물질'이나 '돈'을 더 많이 창출함을 의미한다. 그래서 인문학이 어떻게 산업에서 '생산성'을 높일 수 있는지에 대해 의구심이 생길 수도 있다. 이는 '인문학이 과연 생산적인 활동인가?'라는 우리의 저변에 깔려있는 의문과도 관련이 있다. 이에 대해 본질적 차원에서 살펴보기로 하자.

대부분의 사람들은 영화나 소설, 만화 등의 문화콘텐츠가 커다란 부가가치를 만들어준다는 사실을 잘 알고 있다. 그러나 이는 '문화'라는 특정한 영역일 뿐, '물질적 영역'에서의 생산은 과학과 기술, 상업이 담당하고, 인문학은 정서적 느낌이나 감동 같은 정신적인 변화만을 추구한다고 생각한다. 특히 인문학의 역할을 축소시키려는 경향이 우리나라에 많이 퍼져 있는 듯하다. 우리나라 사람들은 인문학이 과학, 기술, 상업의 생산성을 방해한다고 생각한다. 이는 우리나라의 역사적 특수성, 즉 조선시대를 지배한 '유교' 때문에 생긴 오해이다.

우리는 대체로 조선시대에 대해 안타까운 이미지를 가지고 있다. 정치는 부패했고, 백성의 삶은 피폐했으며, 차별은 극심했다. 국력을 키우지 못해 일본에게 침략당했고, 결국 분단이라는 비극적 상황을 맞이하기도 했다. 많은 사람들은 우리 민족이 불행을 겪은 주된 원인이 '유교'에만 빠져 과학이나 기술, 상업을 경시했기 때문이라 여긴다.

그러나 결론부터 말하면, 인문학은 우리 민족이 불행을 겪은 원인이 아니다. 심지어 '유교'나 '유학'도 우리의 발전을 막은 원인이 아니다. 진짜 원인은 당시 지배계층의 '이기적인 정치 싸움'이다. 유교는 단지 정치적 이기주의의 '명분'이었을 뿐인데, 그것도 '진정한 유학'을 왜곡시킨 사상이다.

조선시대에 숭상했던 유학은 '주자학' 또는 '성리학'이라는 신유학인데, 이 학문의 특징은 '도덕'과 '정치 철학' 중심이었던 유학을 '자연의 섭리'와 결합시켰다는 것이다. 그런데 이를 해석하고 사회에 적용시키는 데에서 문제가 발생했다. 많은 양반들은 단지 자신들의 기득권과 파벌을 지키기 위해 '자의적'으로 성리학을 해석했다. "하늘이 높고 땅이 낮듯이, 인간 세상에도 높고 낮음이 정해져 있어서 애초에 위계 질서도 정해져 있다." 사실 이런 개념은 삼강오륜三綱五倫에도 나와 있지 않다. 조선시대에는 지독한 신분의 차별이 있었고, 양반에 귀속된 노비의 수도 어마어마했다. 양반은 노비나 평민을 별다른 이유 없이 때릴 수 있었지만, 하층민이 양반을 때렸다가는 사형에 처해졌다. 이것이 과연 유학이나 유교에서 추구하는 도덕일까? 이런 내용은 유학의 경전 그 어디에도 없다.

기득권층은 이권을 지키기 위해 자신들의 입맛에 맞게 해석한 성리학을 헌법처럼 여기고, 이를 위협하는 모든 활동을 규제했다. 과학과 기술, 상업이 발전하지 못한 데에는 바로 이러한 이유가 있다.

물론 모든 양반과 선비들이 그랬다는 것은 아니다. 유학을 올바르게 이해하고, 좋은 방향으로 실천한 선비들 중에는 도덕적이고 훌륭한 위인도 많았다. 다만 유학의 정신을 올바르게 공부한 선비들은 소수에 불과했고, 부도덕한 양반 세력에 의해 정계에서 쫓겨나 두드러지지 않았던 것뿐이다. 지방이나 초야에 파묻혀 유학을 공부한 선비들이 오히려 인격적으로 훌륭하고 유교의 근본을 잘 실천한 사례가 많은데, 대표적으로 다산 정약용이 그러하다. '실학'을 주장한 정약용은 유학에서 탈피하기보다는 유학과 실용을 결합시키고자 했다.

'인문학이 국가의 발전을 가로막는다'는 말을 외국 사람들이 들으면 굉장히 놀랄 것이다. 서양에서는 그런 사례가 없었기 때문이다. 서양에서 과학과 기술, 상업이 발전한 18-19세기에 인문학이 퇴조하고 경시되었을까? 그렇지 않다. 근대에 인문학과 자연과학, 상업은 골고루 발전했다. 근대 유럽의 많은 인문학 고전들을 살펴보아도 과학, 기술, 상업을 억압하자는 주장은 찾아보기 어렵다. 오히려 뉴턴을 존경했던 칸트처럼, 철학의 발전을 위해 과학을 적극 수용하자는 주장이 많았다. 다만, 제1·2차 세계대전 같은 참혹한 전쟁, 물질만능주의 등 여러 가지 부작용과 피해가 발생했을 때, 유럽 현대 철학이 과학, 기술에 대한 규제와 방향 설정을 해야 한다는 운동을 일으켰을 뿐이다.

인문학의 생산성은 크게 두 가지로 나누어볼 수 있다. 첫 번째는 '정신적 대상'의 생산이다. 이는 우리가 흔히 아는 '문학', '예술', '철학'과 같은 결과물이고, 제품이나 서비스를 창조하기보다는 인간 정신의 풍요로움을 위한 것이다. 예를 들어, 철학과 역사를 통해 삶의 지혜와 호기심을 충족할 수 있고, 예술을 통해 감동과 같은 정신적 풍요로움을 얻을 수 있다. 즉, 철학이나 역사를 교육하고, 철학적 사유를 만들어내고, 소설이나 예술을 창작하는 것은 그 자체로 우리에게 '정신적'인 도움이 되므로 생산적이다. 좋은 문화콘텐츠로 많은 돈을 벌 수 있다는 점은 잘 알려져 있고, 꼭 돈을 따지지 않더라도 정신적인 만족감과 풍요로움을 주는 일 자체가 바로 '효용'의 생산이라 할 수 있다. 인문학이 직접적으로 생산하는 것은 이렇게 '정신적 발전과 행복'을 위한 길이며, 그것만으로도 커다란 시장을 형성할 수 있다. 그런데 이런 인문학 고유의 생산이 아닌, 산업 전반에 걸쳐 커다란 파급 효과를 일으키는 인문학의 힘은 많이 알려져 있지 않다. 교육이나 문화 콘텐츠도 큰 시장이긴 하지만, 산업의 대부분은 물질적인 재화나 서비스이고 대다수의 기업이 활약하고 있는 영역도 바로 이 부분이다.

　먼저, 물질적인 재화의 '생산성'이 무엇인지 생각해보자. 아무 가치가 없는 물질을 생산하는 게 좋은 일일까? 만약 '쓰레기'를 가치 없는 물건이라고 본다면, 쓰레기를 많이 생산하는 건 진정한 생산성이 아니다. 즉, 생산성의 핵심은 '가치'이다. 그리고 가치는 '수요가 있음'을 의미한다. 수요가 없는 제품이나 기술을 생산하는 일은 아무 쓸모가 없고, 오히려 기회비용의 측면에서 생산성을 저해시킨다. 사람들이 원하는 것, 가치 있는 것을 만들어야 '진정한 생산성'이 된다.

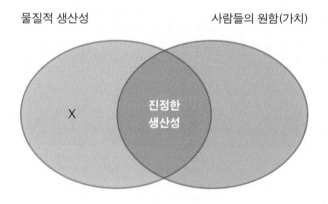

물질적 생산성　　　　　　　　　　사람들의 원함(가치)

X　　　진정한
　　　생산성

진정한 생산성

앞의 그림에서 X에 속하는 부분은 쓸모없는 생산이므로, 아무리 많이 만들어낸다고 해도 생산적이지 못하다. 예를 들어 쓰레기나 발암물질은 X에 속한다. 사람들이 원하는 가치와의 교집합 영역에 있어야만 진정으로 생산성이 높다고 말할 수 있다.

그러면 인문학이 아닌 다른 학문들, 즉 과학이나 기술, 상업은 어떻게 생산성을 높일까? 지금부터 이 세 가지를 통틀어 '기술'이라고 칭하도록 하자. 기술은 물질적인 생산성 자체를 높인다. 기계나 시스템을 고안해서 무엇이든 더 빠르고 많이 생산하게 만든다. 이것이 우리가 일반적으로 생각하는 '기술이 생산성을 높이는 방식'이다. 그래서 기술은 발전하면 발전할수록 '물질적 생산성'의 크기를 점점 더 키운다.

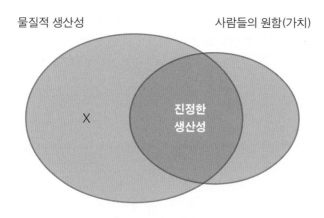

기술이 생산성을 높이는 방식

이 그림에서 물질적 생산성과 함께 '진정한 생산성'도 커지는 것을 볼 수 있다. 그런데 주목할 점은 X도 함께 커졌다는 사실이다. 혹자는 이 그림에 대해 의아해 할지도 모르겠다. 기술은 대개 인간에게 도움이 되는 가치를 만들어왔지, X에 해당하는 것들을 만들어왔다고 보기엔 어렵다고 느낄 수도 있다. 그렇지만 X는 신제품이 개발되거나 시장에 풀리는 과정에서 사용자들의 판단에 의해 자연스럽게 도태되어 사라졌을 뿐이다. 위의 그림에서는 적어도 진정한 생산성이 늘어나는 모습이지만, 진정한 생산성의 변화는 미미한 채 X만 많이 늘어나는 기술이 나타날 수도 있다. 예를 들어 아무 쓸모도 없는 기능을 추가시켜놓고 기술개발 비용으로 인해 높은 가격을 책정한다면, 소비자에게 손해를 끼치므로 X만 증가시키는 격이다.

심지어 우리가 자주 사용하는 유익한 기술에서도 제거되지 않은 해악이 있다. 의약품은 예기치 않은 부작용을 낳기도 하고, 교통수단은 각종 인명 피해와 환경오염을 발생시킨다. 현재 회자되고 있는 '사물인터넷'은 어떨까? 사생활 침해, 해킹 등의 위험 등 X에 해당하는 부분이 발생할 것이다. 기술은 다양한 '쓰레기(X)'를 만들어내지만, 우리는 유익한 생산성만을 취하고 X를 줄이기 위해 노력하고 있다. 물론 기술개발은 시작 단계에서부터 X를 예상해서 최대한 피하려고 한다. 그러나 인간(소비자)의 관점을 고려하지 않은 경우가 많아, 결과적으로는 성공하는 경우보다 실패하는 경우가 더 많다. 특허심사관이 심사를 할 때 상식적으로 그 기술이 유익한 기술인지를 아닌지를 심사하지만, 특허로 등록된 기술이라 할지라도 시장성이 없는 경우가 부지기수이다. 수많은 특허 기술 중 제품으로 출시되는 것들은 소수이고, 출시되었다고 해도 곧 실패하고 취소되거나 생산이 중단되는 일이 비일비재하다. 그래서 새로운 기술이 개발되었다고 해서 진정한 생산성이 늘어났다고 볼 수는 없다.

이제, 인문학이 진정한 생산성을 높이는 방식을 알아보자. 인문학은 기술과 달리 물질적인 생산성의 크기를 전혀 키우지 못한다고 가정해보겠다. 그런데 놀랍게도 인문학은 물질적인 제품의 진정한 생산성을 높일 수 있다. 앞에서 기술이 인간 또는 소비자의 관점을 고려하지 않으면 X를 더 많이 만들 가능성이 크다고 이야기했다. 그러면, X를 줄이고 진정한 생산성의 영역만 크게 키우려면 어떻게 해야 할까? 인간의 관점과 가치를 고려해야 하는데, 그것이 인문학의 역할이자 특기이다.

인문학이 빠져 있는 기술 중심적 관점은 사람을 기술에 맞춘다. 반면, 인문학은 '기술을 사람에게 맞추도록' 만든다. 이러한 관점이 제품을 더 많이 팔리게 만들고, 수요도 늘려 결과적으로 돈도 더 많이 벌어들인다. 예를 들어, 아이폰이 엄청나게 많이 팔린 이유는 인문학을 적용시켰기 때문이다. 반면, 팬택이나 세그웨이, 구글글래스의 사례처럼 인간의 관점, 인문학적 관점을 고려하지 않고 기술개발에만 치중한 기업들은 제품 생산이 감소하거나 중단되고 말았다. 이처럼 인문학은 물질적인 생산성의 크기를 키우지 못하더라도, X를 줄이면서 진정한 생산성을 늘릴 수 있다. 이를 그림으로 나타내면 다음과 같다.

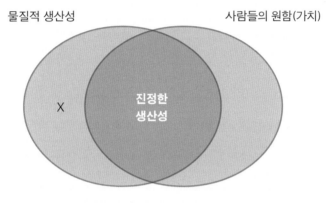

인문학이 생산성을 높이는 방식

위의 그림에서 교집합 부분인 '진정한 생산성'이 커진 것을 볼 수 있다. 물론 인문학적 연구 개발을 통해 이러한 이상적 결과가 항상 이루어지는 건 아니다. 그러나 인문학이 수요를 창출함으로써 제품의 생산을 늘리게 만들 수 있다는 사실은 분명하다. 더불어 인문학은 물질적인 생산뿐만 아니라, 궁극적 목적인 '수익'을 더 크게 향상시킬 수도 있다. 2015년 1분기 세계 스마트폰 판매 점유율에서 애플은 삼성에게 밀렸다. 그러나 '영업 이익'으로 보면, 전 세계 스마트폰 영업 이익 총량의 92퍼센트를 애플이 가져갔다(참고로 삼성전자는 15퍼센트였는

데. 총량이 100퍼센트를 넘는 이유는 영업 손실을 기록한 회사가 있기 때문이다). 물론 애플은 기술력도 뛰어나지만, 인문학적 소양이 기술을 이끌어가는 기업이고, 그러한 목적을 위해 기술을 개발하거나 사들이기도 했다.

인간에게 불필요한 생산물은 머지않아 도태되어 생산이 멈추고, 사라진다. 그러나 인간에게 선택받는 제품은 생산을 계속 늘려간다. 생산을 멈추지 않고 더 많이 하려는 경쟁은 곧 인간에게 선택받고자 하는 경쟁이다. 그리고 앞으로의 시장에서는 '치열한 선택의 경쟁'에서 승리한 제품만이 살아남을 것이다.

9장

인문학,
제대로 공부하기

HUMANITIES

| '왜?'라는 호기심에서부터 시작하라 |

이제까지의 내용을 정리해보면, 인문학은 지금 시점에 매우 중요하고 산업에 많은 도움을 준다고 했다. 그리고 산업에 도움이 되는 인문학적 소양은 단순한 지식이 아니라, '고상함', '도덕성', '창의성', '통찰력', '비판적 사고'와 같은 수준 높은 '능력'이다.

그러면 우리는 이제 인문학적 소양을 기르기 위해 어떻게 공부를 해야 할까? 이러한 능력들은 지식을 암기하듯 벼락치기 공부로 계발시키기는 어렵다. 지식이 아닌 능력은 보다 복잡하고 장기적으로 접근해야 하는데, 이는 인문학이 아닌 다른 과목도 마찬가지이다. 수학 능력을 키우기 위해서는 공식을 암기해야 하지만, 문제도 많이 풀어보고 이해와 응용의 과정을 거쳐야 하는 것처럼 말이다. 그런데 이제까지 많은 사람이 인문학 공부를 '단순 암기'로 해왔다는 게 문제다. 특히 중·고등학교 과정에서 역사, 사회, 윤리, 심지어 문학까지 암기하는 버릇을 들이도록 만들었다.

인문학은 공부하기에 범위가 너무 넓고, 읽을 책도 많아 부담스럽게 여기는 사람이 많다. 더군다나 인문학 관련 서적들은 재미도 없고, 어렵고, 심지어 양도 많다. 어떻게 하면 이런 상황에서 보다 즐겁게 인문학 공부를 할 수 있을까?

먼저 일러두고 싶은 점은 '우물가에서 숭늉 찾듯이', 너무 성급하게 인문학에 접근해서는 안 된다는 것이다. 원래 인문학은 순수학문 중에서도 단연 '순수한 학문'이다. 그래서 실용적인 능력을 키우기 위해 인문학을 공부하더라도, 일단은 '순수한 접근 방식'을 취하는 것이 좋다. 순수한 접근 방식이란, '호기심'을 가지는 것이다. 순수학문을 하는 동기는 '호기심의 해결'이다. '왜 현실의 모습이 이러한지', '역사는 왜 이렇게 흘러왔는지', '예술은 어떻게 발전해왔는지', '사상가의 사상은 왜 이러한지'를 궁금해해야 한다. 그리고 호기심은 '왜 그럴까?'라고 하는 물음에서 나타난다. 이러한 자세는 비판적 사고를 키우는 데에도 도움이 되는데, 자신의 관점에서 논리적으로 근거를 따져볼 수 있기 때문이다. 그러므로 인문학을 공부할 때는 항상 '왜?'라는 질문을 가지고 접근하는 것이 좋다. 이것이 바로 '암기'와의 가장 큰 차이점이다. 물론, 책을 읽을 때 한 구절마다 '왜 그럴까?'를 너무 깊게 고민하면 진도가 나가지 않고, 생각이 복잡해질 수도 있다. 우리가 먼저 궁금해해야 할 건, 커다란 '덩어리'에 대한 의문이다. 예를 들어 칸트의 『순수이성비판』에 대해 공부하기 전에, '왜 이 책이 그렇게 유명할까?'에 대해 의문을 가지고 접근하는 것이다. 또는 '구조주의란 무엇일까?', '이황은 왜 훌륭하다고 평가받을까?'와 같은 의문도 좋다.

순수한 호기심을 가지고 인문학을 공부하면, 동기도 생기고 이해와 깨달음의 즐거움도 맛볼 수 있다. 순수하게 인문학을 공부하는 전형적인 모습은 '겉보기에 현실에 전혀 도움이 될 것 같지 않은 책', '대부분의 사람들이 관심 없어 하는 협소한 분야의 책'을 파고드는 모습이다. 예를 들어 헤겔의 『정신현상학Phanomenologie des Geistes』을 읽거나 공자의 『중용中庸』을 파고들어 공부한다면 순수하고 고상해 보이지만, 현실과는 약간 동떨어져 보인다.

물론, 다른 사람들이 모를 법한 책만을 찾아 읽으라는 말이 아니다. 순수하게 접근하면 이런 모습이 나타날 수 있다는 의미이다. 그리고 인문학을 쉽고 종합적으로 정리해주는 책을 읽지 말라는 말도 아니다. 다만, 빠르게 인문학적 소양을 얻겠다는 욕심으로 그런 책만 골라 읽지는 말라는 이야기다. 초심자들에게는 인문학적 지식을 쉽게 풀어주고 정리해주는 책도 큰 도움이 된다. 다만, 그런 책을 통해서 얻을 수 없는 깊은 지혜를 '순수한 접근'으로 보완해나가는 자세가 필요하다.

인문학 지식을 정리해주는 책을 읽으면 빠르게 지식의 습득이 이루어지고, 그만큼 성과도 빨리 나타날 수 있다. 그러나 '주체적 사고', '비판적 사고', '창의성', '품격' 등 여러 가지 '잠재된 능력'의 발달은 미약해질 수도 있다. 반면, 순수한 호기심으로 스스로 근거를 따져가며 책을 읽는 방법은 단기적인 지식의 습득은 느릴 수 있으나 '무의식적 영역'의 발달이 이루어지는 데에는 도움이 된다.

철학자 칸트는 '철학'이 중요한 게 아니라, '철학함'이 중요하다고 말했다. 즉, '철학'의 핵심은 '철학함'이다. '철학함'은 언제 어떤 상황에서도 써먹을 수 있는 능력, 이를테면 사고력이나 판단력, 창의력 등을을 의미한다. 그리고 여기에서 '철학'은 콘텐츠이다. 많은 콘텐츠를 아는 것도 어떤 면에서는 도움이 되지만, 우리는 콘텐츠의 습득이 느리더라도 '철학함'을 공부할 수 있는 방법을 취해야 한다.

인문학을 처음 접하거나 흥미를 가지기 위해서는 많은 내용을 쉽게 정리해주는 책이 도움이 된다. 그 방법도 인문학적 소양을 높이는 데에 일정 부분 도움이 되기 때문에, 권장하는 바이다. 다만, '진짜 인문학'을 깊이 공부하려면 '철학함'을 배워야 한다. 그러면, '철학함'은 어떻게 공부해야 할까?

여기서 '철학함'이란, 꼭 철학 공부만을 의미하지는 않는다. 철학은 범위가 매우 넓은 개념이라서, 진·선·미와 인문학 전체를 포괄하는 개념으로 쓰인다. 그래서 역사, 문학, 예술, 언어학 등을 두루 공부하면서도 '철학함'을 습득할 수 있다.

더불어 '철학함'의 기본은 남을 따라 하는 것이 아니라, 자신의 방식대로 생각하고 실천하는 태도이다. 우리는 각자가 가진 지식이 다르고, 배경이나 환경, 생각하는 방식도 다르다. 그래서 어떤 생각이나 사상이 무조건 옳은 것이라고 배워서는 안 된다. 그것이 무엇인지, 옳다고 여길 만한 것인지는 자신이 스스로 따져봐야 한다. 그런데 아무리 생각과 배경이 다르다고 해도 결코 다를 수 없는 방식이 있는데, 이는 '논리'이다. 논리의 방식은 모두에게 공통되는 것이므로, 우리는 자신의 방식으로 사고하되, 논리적으로 사고하는 연습을 해야 한다.

이러한 자세로 생각하는 연습을 한 뒤에 해야 할 일은 인문학에서 다루는 '다양한 주제'들을 탐구해보는 것이다. 철학, 역사, 문화, 예술의 주제들에는 해결해야 할 문제, 논란이 되고 있는 영역이 많이 있다. 어떤 '주의-ism'는 그 논란에서 나온 하나의 주장이다. '주의'가 아니더라도, 인문학자들은 자신의 세계관을 가지고 있고 그 세계관은 책이나 문헌에 고스란히 드러난다. 인문학 초심자는 자신이 읽은 책에 호감을 느끼고 이를 쉽게 믿는 경향이 있어, '주의'에 경도되거나 빠질 위험이 있다. 그러나 '철학함'을 깊이 공부할수록, 자신의 판단이 생기고 올바른 비판을 할 수 있게 된다. 그래서 처음부터 어떤 '주의'의 편에 서려고 하지 말고, 텍스트를 읽으며 '왜 이런 이야기를 하고 있는지'를 궁금해하면서 공부해야 한다.

책을 읽으며 이해가 안 되거나 의문점이 생기면 자신이 어떤 점에서 그러한 의문을 품게 되었는지에 대해 책 귀퉁이에 메모하는 습관을 들이는 방법도 추천한다. 책을 신주단지 모시듯 깨끗하게 다루는 성향도 개성일 수 있지만, 책은 사실 그 내용이 중요하지 '책'이라는 물질 자체는 귀한 대접을 받을 필요가 없다. 그래서 얼마든지 지저분하게 줄을 쳐놓고, 메모를 해두어도 좋다.

따라서 인문학을 제대로 공부하고 싶다면 새로운 텍스트를 접하거나 공부를 할 때, 자신의 관점에서 의문점을 정리해보아야 한다. 처음

아폴론 신전의 모습. "너 자신을 알라."라는 말은 소크라테스의 명언으로 유명하지만, 원래는 고대 그리스 델포이의 아폴론 신전 입구에 새겨진 경구였다. 소크라테스는 이를 '자신의 무지함을 깨닫고, 배우고 익혀 사람답게 살라'는 의미로 설파했다.

에는 매우 기초적이고 어리석은 질문을 할 수도 있다. 필자 역시 과거에 책에 적어놓은 의문점들을 지금 다시 살펴보면 부끄러울 때가 많다. 그러나 이러한 의문 제기 자체를 부끄러워할 필요가 전혀 없다. 의문 제기의 과정이 곧 '성장의 과정'이기 때문이다.

의문 제기를 하지 않으면 진정한 철학함이 아니다. 부족한 부분을 드러냄으로써 인문학과의 '소통'이 이루어지고, 자신의 부족한 부분을 진정으로 깨달을 수도 있다. 아폴론 신전 기둥에 새겨진 소크라테스의 "너 자신을 알라."라는 말이 유명해진 이유는 이렇게 자신의 부족한 부분을 스스로 깨닫는 과정이 '철학함'과 '인문학 공부'에 있어 너무나 중요하기 때문이다.

우리나라 사람들은 인문학 공부를 제대로 하는 데에 치명적인 약점이 있다. 바로 자신의 모자람을 드러내는 일을 무척이나 부끄러워하고, 다른 사람들의 눈치를 너무 본다는 것이다. 강의시간에 선생님이 질문을 하라고 해도 입을 다무는 이유는 대체로 '이런 질문을 해서 창피를 당하면 어쩌나' 하는 걱정 때문이다.

이런 성향은 아마도 한국 사람들이 서양 사람들에 비해 더 강할 것이다. 한국 사람들은 자신이 잘 이해하지 못한 내용이라도 권위 있는 사람이 그렇다고 하면 그저 따라가는 경우가 많다. 의문을 제기하면 마치 멍청함을 드러내는 것처럼 생각하기 때문에, 아예 의문 자체를 떠올리려 하지 않고 의문을 체계화시키려는 습관도 없다. 이런 자세는 인문학 공부에 치명적이다. 강연을 들으며 당시의 분위기 때문에 의문이 생겨도 발언하기 어렵다면, 적어도 자신의 의문점을 체계적으로 정리하는 습관을 들이도록 하자. 예를 들어, '강사의 설명이 이런 것인데, 어떤 부분은 이해가 안 되고, 여기에 대한 다른 반론이나 대안이 있을 수도 있지 않을까?'라는 생각을 글로 정리하는 것이다. 자신의 관점에서 생각을 정리하는 과정은 생각의 근육을 단련시킨다. 이렇게 의문점을 떠올리고 정리만 해도 '철학함'을 연습할 수 있다.

인문학 공부를 즐겁게 하기 위해서는 마치 스토리를 구성하듯 역사와 철학의 흐름을 하나의 이야기로 이해하는 방법도 추천한다. 별개로 떨어져 있는 것처럼 보이는 이야기들도 흐름을 구성할 수 있고, 그렇게 기억하면 머리에도 더 잘 남는다. 그리고 인문학의 진면목을 공부하고 싶다면, 자신의 생각과 궁금증을 구성해보고 인문학 콘텐츠와 소통하는 자세를 취해야 한다. 이러한 과정에서 자신의 궁금증이 점차 해소되면, 그 자체로 즐거움을 느끼게 될 것이다.

인문학 공부를 즐겁게 하기 위한 방법

- 인문학 문제나 콘텐츠에 대해 호기심 갖기
- 일정 기간이라도 협소한 인문학 분야 하나에 몰두해보기
- 지인들과의 대화, 인터넷 게시판 등을 통해 인문학적 내용을
  토론해보기
- 인문학 텍스트에 대해 의문점을 표시하고 정리해보기
- 자신이 읽은 책 한 권에 대해 리뷰 써보기
- 소설을 비롯한 다양한 종류의 창의적인 글 써보기

| 책 읽기의 최고 경지는 해석이다 |

인문학 공부의 대부분은 '책 읽기'로 이루어진다. 물론 관련 잡지나 논문, 기사를 읽는 일도 필요하지만, 책 읽기가 더 어렵고 중요하다. 책은 일관되고 하나의 완성된 구조를 이루는 작품이라 할 수 있는

데, 긴 분량을 읽고 그 구조를 구성하려면 많은 노력과 사고가 필요하기 때문이다. 그리고 대부분의 인문학 고전들과 유명한 문헌들은 책의 형태로 이루어져 있다.

우리는 어떻게 책을 읽어야 할까? 많은 사람들이 추천하는 책을 읽는 방법도 좋겠지만, 그보다 더 중요한 것은 '비판적 사고'를 갖고 읽는 자세이다. 물론 비판적 사고는 책의 내용에 무조건적으로 반대하는 것을 의미하지는 않는다. 올바름을 따져보고, 책의 좋은 점만을 흡수하는 자세가 바로 '비판적 사고의 책 읽기'이다. 그러므로 우리는 책을 제대로 읽기 위해서라도 비판적 사고를 훈련해야 한다. 비판적 사고를 잘하기 어려운 초심자라면, 앞에서 설명한 것처럼 자신의 지식에 비추어 봐서 이해가 안 되는 '의문점'을 계속 생각하고 정리하는 식으로 책을 읽어야 한다.

비판적 사고를 하기 위해서는 어느 정도의 기본 지식이 있어야 하는데, 비판은 자신의 지식과 책 속 내용간의 '정합성'을 따지는 과정이기 때문이다. 그리고 저자의 객관적 신빙성이나 역사적 평가, 주변의 반응을 미리 살펴보는 일도 책을 잘 읽는 데에 도움이 된다. 우리는 이러한 책의 배경을 통해, 내용에 무조건적으로 빠져들지 않고 올바르게 비판할 수 있다. 예를 들어, 독일의 철학자 하이데거Heidegger의 책은 '존재', '실존', '무無'와 같은 온갖 형이상학적인 내용을 다루고 있어서 읽기가 매우 어렵지만, 한때 우리나라에서 유행하기도 했다. 하이데거는 "언어는 존재의 집이다."라고 했지만, 다른 한편에 있는 많은 철학자들(분석철학자들)은 하이데거 같은 형이상학자들이 단지 '언어에 의한 혼란'에 빠져 있다고 비판한다. 물론, 인문학을 제대로 공부하는 사람이라면 이에 대해서도 자신이 직접 결론을 내려야 할 것이다.

사전 지식을 완벽하게 갖추는 일은 거의 불가능하기 때문에, 비판적 사고를 하기 위해서 일차적으로 책에서 주장하는 내용이 사실이 아닐 수도 있음을 전제하는, '열린 자세'가 필요하다.

독서에 흥미를 느끼지 못하는 사람들은 대개 '독서' 그 자체를 어려워한다. 특히 인문학 공부를 하려고 관련 서적을 찾아보면, 이해도 잘 안 되고 읽는 속도도 너무 느려서 제풀에 지치곤 한다.

책이 잘 읽히지 않는 이유는 '세세한 암기에 집중'하기 때문이다. 사실 책 한 권을 모두 머릿속에 넣기란 불가능하다. 그렇다면 책을 잘 읽는 사람들은 어떻게 읽는 걸까? 그들에게 독서는 일종의 '확인 작업'과도 같다. 책 속에 내가 몰랐던 획기적인 사실이 있는지를 확인하는 것이다. 획기적이지 않은 내용은 빠르게 지나간다. 물론 초심자들은 모르는 부분이 많으므로 빠르게 지나가기 어려울 것이다.

하지만 책 한 권의 양이 아무리 방대해도 너무 막막해할 필요는 없다. 한 권의 책이 가지는 의미는 그렇게 복잡하거나 대단하지 않으며, 한 권의 책 전체를 관통하는 주제와 가치는 짧게 요약된다. 그렇기 때문에, 모든 내용을 다 알려고 할 필요는 없고, 그 책에서 가장 중요한 부분, 핵심적인 특징이 무엇인지부터 찾아야 한다.

그렇다면 실제로 우리는 인문학 공부를 하기 위해 어떤 책을 읽어야 할까? 결론적으로 말하면, 두 가지 트랙을 병행하는 것이 좋다. 하나는 인문학의 '전반적인 흐름을 보여주는 책'이다. 이 책은 쉬운 레벨도 있고, 어려운 레벨도 있다. 초심자는 물론 쉬운 것부터 보기를 추천한다. 예를 들어, '철학사'라든지, 역사의 흐름을 정리해주는 책이다. 꼭 시대적 흐름별로 구성되어 있지 않더라도, 주제나 섹션별로 정리되어 있는 책도 괜찮다. 또 다른 트랙은 학자들의 결과물을 가공한 것이 아닌 다른 모든 것, 즉 저자가 자신의 고유한 이야기를 기록하여 가치가 있는 책이다. 인문학의 고전들, 예를 들어 『니코마코스윤리학』, 『순수이성비판』, 『총, 균, 쇠』 등 수많은 책들이 이 트랙에 속한다. 이 트랙의 책은 각각 협소한 분야를 담당하고 있어서 공부의 폭은 좁아질 수 있지만, 깊이가 있다. 이 두 가지 트랙을 함께해야 진정한 인문학 공부가 이루어진다.

어떤 영역의 흐름이나 주제를 해석하고 정리해놓은 책을 '개론서' 또는 '해설서'라 하는데, 학술적으로 인정받는 개론서를 읽는 것이 어렵다면, 대중적인 개론서로 시작해도 된다.

개론서나 해설서 읽기가 필요한 이유는, 책 읽기에도 일종의 '준비 과정'이 필요하기 때문이다. 기초적인 내용을 다룬 책이나 쉬운 개론서는 어려운 원전을 읽기 위한 준비 과정이다. 그리고 준비가 되어 있어야 '올바르게' 책을 읽을 수 있다.

책을 진정으로 올바르게 읽는 일이 어려운 이유는 독서의 목적이 사실은 일종의 '해석'이기 때문이다. '좋은 해석'의 경지는 매우 높고, 도달하기 어렵다. 수준 높은 해석의 경지에 오르지 않았다면 적어도 '이해'는 해야 하는데, 이해를 한다는 것도 어느 정도인지 명확하게 설명하기 어렵다. 어린이용 만화책이나 가벼운 소설은 이해의 폭이 그다지 크지 않은 반면, 인문학 고전들은 이해가 가능한 폭이 매우 넓다. 즉, 가벼운 책은 한 번 읽으면 내용에 대한 이해가 끝나는 데 반해, 인문학 서적은 다시 읽을 때마다 새로운 이해와 해석을 경험한다는 뜻이다. 인문학 서적의 내용이 어렵다는 의미일 수도 있겠지만, 정확히 말하면 독자의 지적 상태에 따라 이해도가 달라진다는 것을 의미한다. '아는 만큼 보이는 현상'은 특히 고전이나 학술 서적 같은 어려운 책에서 두드러진다.

어떤 책을 올바르게 이해하기 위해서는 그 텍스트 내부에서만 머물러서는 안 된다. 예를 들어, 플라톤의 『국가』를 잘 이해하는 법은 내용의 이해뿐만 아니라 그 책이 나왔던 동시대의 문화적·지역적 맥락과 관점을 파악하고, 그 책이 있기 전의 상황과 이후의 영향을 파악하는 것이다. 이를 감안하고 해석해야 궁극적으로 책의 진정한 의

미를 이해할 수 있다. 뉴턴의 물리학이 담겨 있는 『프린키피아Princip-
ia』는 훌륭한 고전인데, 이 책은 의미와 해석이 시대에 따라 변한 명백
한 예이다. 그 내용 중에 올바른 내용은 지금도 과학 시간에 배우지
만, 상대성이론이나 양자역학의 패러다임 변화로 인해 제한적으로 받
아들여야 할 부분도 있다. 다른 인문학 고전들도 크게 다르지 않다.
해석은 시대에 따라 변하기 때문이다.

그래서 궁극적으로 책을 이해하기 위해서는 '텍스트의 내용'을 이
해하는 것은 물론이고, 당시의 '시대적 배경', 그리고 역사적 흐름에서
그 책의 '역할'과 '의의'를 알아야 하며, 현재 시점에서의 '맥락'과 '해
석'도 추가되어야 한다. 이러한 요소들에 의해 텍스트의 의미와 가치
가 변하고, 이해도 달라진다. 텍스트 외부의 요소들을 매개변수로 하
고, 이를 곱하기로 나타내면 책 읽기는 다음과 같다.

**책 읽기 = 텍스트 이해 × 당대의 배경 × 역사적 흐름에서의 의의
× 현재 시점에서의 해석**

책을 반복해 읽을 때마다 새로운 것이 보이고 이해가 달라지는 이
유는 이러한 복잡한 '이해의 체계'가 있기 때문이다. 현재 시점에서의
해석이란 현대 실정과 자신의 주체적 관점에서 그 책을 비판하고 장
단점을 밝혀내는 것을 말한다. 그런데 책을 몇 번 꼼꼼히 읽었다고 해

서 그 책에 대해 완벽하게 이해했다고 말할 수 있을까? 사실상 이해는 끝이 없다. 다만 어느 수준에서 멈출 뿐이다.

이로써 책을 읽었다고 해도 자신의 인문학적 수준이 높지 않는 한, 자신의 책에 대한 이해가 완전하지 않음을 알 수 있을 것이다. 이것이 바로 '열린 마음'이고, 열린 마음이야말로 책으로 인해 갖게 되는 잘못된 사고방식을 방지해준다.

왜 인문학은 수천 년, 수백 년 전의 고전들을 계속 읽고 해석하고 논의할까? 고전에 담긴 좋은 지혜를 교육하고자 하는 목적도 있지만, 더욱 중요한 이유는 그 의미가 시대에 따라 달라지고, 받아들이는 사람에 따라서도 달라지므로 계속해서 논의할 필요가 있기 때문이다. 이전의 해석자들이 무시하고 지나쳤던 부분이 현대에 부각되거나 재해석될 수도 있다. 그래서 인문학에서는 계속 고전의 원전을 보존하고, 연구를 계속한다.

인문학의 원전이 보존되고 다시 찾아볼 필요가 있다고 해서 사람들은 종종 인문학 고전을 읽을 때 원전 위주로 읽는 것이 좋다고 생각한다. 즉, 플라톤이 쓴 『국가』를 읽거나, 칸트의 『순수이성비판』 그 자체를 읽어야 인문학을 제대로 공부했다고 여기는 것이다.

원전을 읽으면 좀 더 고상하고 순수해 보이고, 더 많은 사고를 요구할지도 모른다. 그러나 섣불리 읽었다가는 위험할 수도 있다. 잘못된 해석을 할 가능성이 크고, 그로 인해 인문학에 대한 흥미를 잃을 수도 있다. 개론서 등으로 준비를 한 뒤에 원전을 읽는다면 좀 더 올바른 해석에 가까워질 것이다. 철학과에서도 학부 과정에서는 개론서와 해설서를 훨씬 많이 다룬다. 쉽게 원전으로 들어가지 않는 이유는, 올바른 해석을 위한 준비 과정이 그만큼 중요하기 때문이다. 다만 쉽게 정리해주는 책만 읽으면 생각해볼 기회가 적고 겉핥기 공부가 되기 십상이므로, 좀 더 순수하게, 그리고 치열하게 공부해보라는 의미로 원전을 읽는 것도 추천한다.

다른 사람이 원전을 해석해놓은 책을 읽으면 비판적 사고와 스스로 생각하는 힘을 키우는 데 방해가 되지 않을까? 그렇지 않다. 개론서는 원전의 내용을 최대한 올바르게 정리해서 요약하고 약간의 비평을 추가한 것일 뿐, 원전에 대한 해석과 비평(비판)을 객관적으로 완결시킨 것은 아니다. 따라서 개론서가 비판을 대신해줄 수는 없으며, 나아가 개론서 자체의 해석과 관점도 비판할 수 있다. 오히려 원전부터 읽으면 어떻게 비판해야 할지 몰라 내용을 무비판적으로 수용할 가능성이 크다. 초심자들은 대개 저자의 말이 모두 옳다고 믿는 경향이 있는데, 더구나 인문 고전을 쓴 거장이라면 더더욱 저자의 말을 신봉할 것이다. 그래서 진정한 비판적 사고를 위해서 배경지식이 필요하며, 비판적 사고의 자세를 갖춘 사람이라면 개론서나 해설서도 비판적으로 읽을 것이다.

한국 경제의 위기,
돌파구가 필요하다

최근 우리나라 경제에 위기의 징후들이 드리우고 있다는 기사가 종종 보도되고 있다. 전경련은 올해 봄, 한국 경제에 위기가 다가오고 있다는 내용의 보고서를 내놓았다. 물론 경제가 폭삭 주저앉을 정도의 위기가 아니라, 일본이 장기간 겪었던 불황과 저성장이 우리나라에서 벌써부터 나타나고 있다는 우려였다. 보고서에 따르면, 이미 지난 몇 년간 우리나라에 불황과 저성장이 지속되었고, '서비스업' 연구개발이 선진국에 비해 너무 낮다는 점도 위기의 징후에 포함되었다.

우리나라는 지난 반세기 동안 급격한 경제 발전을 이루었고, 거의 선진국 문턱에 다다랐다는 분석도 있다. 실제로 지난 십여 년 동안만 한국과 한국산 제품의 위상은 국제적으로 매우 향상되었다. 문화적으로 전 세계에 한류 열풍이 불었고, 스마트폰의 혁명적 물결 속에서도 당당히 선두의 위치를 지켜냈다. 무역수지 흑자가 계속되었고, 국내를 대표하는 기업인 삼성, LG, 현대기아자동차도 세계 시장에서 꾸준히 성장했다. 지난 몇 년간의 발전상을 보면 곧 큰 문제가 닥쳐올 것이라는 게 믿기지 않아 보인다. 그런데 올해 여름, 위기는 점차 현실이 되어 나타났다. 주요 제조 업체들의 2분기 실적이 전반적으로 하락한 것이다.

이는 단기적인 문제가 아니다. 핵심은, 앞으로의 미래가 전혀 보이지 않는다는 것이다. 과거에 하던 대로 계속해서는 앞으로 통하지 않을 것 같은 두려움이 엄습해온다. 무엇이 확실한 미래의 먹거리인지 감이 잡히지 않는다. 이런 불확실한 시대 속에서 기업과 민간인들은 무엇에 투자해야 할지 몰라 주저하고 있고, 그저 돈만 쌓아두고 있다. 결과적으로 경기는 더 안 좋아졌다.

과거에 우리가 하던 방식은 무엇이었을까? 제조업을 중심으로 과학 기술 연구개발에 집중 투자해서 선도적인 기술을 적용한 신제품을 출시하는 방식이었다. 중국이 저가 제품을 대량으로 만들어 팔아도 우리는 더 높은 기술력을 바탕으로 세계 시장에서 승부할 수 있었다. 그런데 이제는 '어떻게 품질을 높여야 하는지'에 대한 뚜렷한 답이 보이지 않는다. 과거에는 선진 일류 기술을 재빠르게 따라잡아 대등한 수준의 제품을 만들었는데, 이제는 선진국 제품과 우리나라 제품의 기술력 차이마저 상당히 좁아지고 말았다. 우리를 앞서가던 선진 기술은 최근 이상하게도 획기적인 제품을 만들어내지 못하고 있고, 우리나라 역시 마찬가지다. 반면 중국이나 인도, 러시아 등 후발 주자들의 기술력은 무서운 속도로 선진 기술을 따라잡고 있다.

여기서 한 가지 주목할 점이 있다. 우리나라 기업들이 기술력에서는 선진국을 거의 따라잡았지만, 다른 방면의 기술은 아직 많이 뒤쳐져 있다는 점이다. 그것이 바로 '인문학적 기술'이고, 인문학적 소양은 기술 격차가 줄어든 상황에서 그 외의 가치를 부여해줄 수 있다.

과거 우리나라가 경제를 발전시킨 동기에는 '일본을 따라잡겠다는 목표'가 있었다. 그래서 일본의 기술력을 많이 따라하곤 했다. 그런데 한 가지 간과한 것이 있었다. 일본은 기술력만 높았던 것이 아니라, 인문학적 소양과 관련한 장점도 뛰어났다.

일본산 제품은 고장이나 불량이 적고, 세심하고 꼼꼼하게 만드는 것으로 유명하다. 이는 일종의 '장인정신'과 관련이 있고, 그 요인이 제품의 품격을 높인다. 더불어 신뢰감을 주기 때문에 기업의 도덕성도 올라간다. 서양에서는 일본 문화에 대해 '고급', '장인정신'이라는 인식을 강하게 가지고 있다. 독일과 일본은 2차 세계 대전의 전범국이라는 나쁜 도덕적 이미지도 있지만, 인문학적 요인으로 인해 이를 극복하고 제품의 품질과 품격을 높여왔다. 인문학적으로 바람직한 장인 정신과 태도가 일본과 독일의 제작자들에게 있었다는 점이 국가 이미지를 바꾸는 데에 한몫을 했다. 독일의 장인제도나, 몇 대를 이어 내려오는 일본의 장인정신은 세계적으로도 많이 알려져 있다.

더불어 일본의 문화콘텐츠도 인문학적 기술을 활용한 예다. 특히 일본의 만화, 애니메이션, 게임의 퀄리티는 세계 최고 수준이라 할수 있다. 과거 세계를 재패했던 게임회사 '닌텐도Nintendo'는 지난 몇 년간 어려움을 겪었는데, 2015년에 다시 흑자로 돌아섰고 부활의 조짐을 보이고 있다. 여기서 닌텐도의 진정한 힘은 '기술력'이 아니라, '문화콘텐츠'다. 과거 이명박 정부 시절, 닌텐도를 배우자는 운동이 일었는데 사실 닌텐도의 내재 가치는 기술이 아니라 캐릭터, 게임과 같은 콘텐츠에서 나온다. 당시 우리나라에서도 닌텐도를 꿈꾸는 게임기가 개발되기도 했지만, 얼마 안 되어 사장되고 말았다. 닌텐도 같은 게임기를 만들자고 할 게 아니라, 슈퍼마리오와 같은 세계적으로 통하는 콘텐츠를 만들자고 주장해야 맞다.

우리나라 기업들의 현황을 보면, 인문학적 소양의 활용도가 세계의 선도적 기업들에 비해 현저히 떨어진다. 그리고 서비스업 규모와 수준도 떨어지고, 투자도 적다. 왜 그럴까? 우리나라는 조선시대까지 인문학을 숭상했고, 정신문화를 중요하게 여겼다. 그런데 현대에 들어서 인문학은 관심 밖의 대상이 되어버렸다. 여기에는 물질만능주의, 인문학에 대한 오해, 과학기술에 대한 일방적인 호의, 주입식 교육과 창의력을 규제하는 요인들이 작용했다고 본다.

그러나 필자가 보이게 우리나라는 인문학적 요인과 관련해 커다란 잠재력이 있다. 지난 수십 년간 인문학을 경시했다고 하더라도, 조선시대를 거치며 수백 년간 이어져 온 정신문화에 대한 친화적인 습성이 남아 있기 때문이다. 그리고 창의성을 저해하는 교육과 사회적 분위기가 있어도, 세계를 놀라게 할 만한 창의적이고 수준 높은 콘텐츠를 종종 만들어냈다. 창의성을 장려하는 다양한 행사를 만들고, 분위기만 잘 조성해준다면 우리나라 사람들의 잠재력은 큰 힘을 발휘할 수 있을 것이다.

이 책을 끝내며, 마지막으로 인문학을 전공하는 사람들에게 해주고 싶은 말이 있다. 폐쇄적으로 인문학만 파고들어 공부하지 말고, 수학이나 과학, 기술, 상경 등 다른 분야의 학문도 진지하게 공부해보길 권한다. 이공계 공부가 어렵다고 해서 배우지 않으면, 진정한 '교양인'이 될 수 없다. 이 책에서 말한 인문학적 소양 중, 특히 '창의성', '비판적 사고'를 키우는 데에는 자연과학적 지식이 도움이 된다. 앞서 인문학이 '교양'이라고 했듯이, 인문학 전공자들은 폭넓은 지식을 공부해야 한다. 인문학을 지키면서, 인문학이 아닌 다른 학문들에 좀 더 관심을 갖길 바란다. 그것이 진정으로 인문학을 하는 길이다.

HUMANITIES

참고문헌

단행본

궈옌링, 판팡융, 황선영 옮김, 『**개미 투자자를 위한 워렌 버핏의 9가지 충고**』,
에버리치홀딩스, 2009.

김정운, 『**에디톨로지**』, 21세기북스, 2014.

김진우, 『**경험 디자인**』, 안그라픽스, 2014.

다니엘 핑크, 김명철 옮김, 『**새로운 미래가 온다**』, 한국경제신문사, 2012.

더그 레닉, 프레드 킬, 정준희 옮김, 『**성공하는 사람들의 도덕지능**』, 북스넛, 2006.

리처드 도킨스, 홍영남, 이상임 옮김, 『**이기적 유전자**』, 을유문화사, 2010.

마이클 가자니가, 박인균 옮김, 『**왜 인간인가?**』, 추수밭, 2009.

마이클 샌델, 안기순 옮김, 『**돈으로 살 수 없는 것들**』, 와이즈베리, 2012.

모기룡, 『**착한 사람들이 이긴다**』, 한빛비즈, 2013.

박웅현, 강창래, 『**인문학으로 광고하다**』, 알마, 2009.

스티븐 핑커, 김한영, 문미선, 신효식 옮김, 『**언어본능**』, 동녘사이언스, 2008.

스티븐 핑커, 김명남 옮김, 『**우리 본성의 선한 천사**』, 사이언스북스, 2014.

안자이 히로유키, 이서연 옮김, 『**세계 시장을 지배하는 작은 기업들은 어떤 생각을 할까**』,
비즈니스북스, 2015.

월터 아이작슨, 안진환 옮김, 『**스티브 잡스**』, 민음사, 2011.

이강수, 『**중국 고대철학의 이해**』, 지식산업사, 1999.

이남훈, 『**CEO 스티브잡스가 인문학자 스티브잡스를 말하다**』, 팬덤북스, 2011.

이시즈카 시노부, 이건호 옮김, 『**아마존은 왜? 최고가에 자포스를 인수했나**』, 북로그컴퍼니, 2010.

조너선 하이트, 왕수민 옮김, 『**바른 마음**』, 웅진지식하우스, 2014.

B. 조지프 파인, 제임스 H 길모어, 김미옥 옮김, 『**체험의 경제학**』, 21세기북스, 2010.

최윤식, 김건주, 『**2030 기회의 대이동**』, 김영사, 2014.

최인수, 『**창의성의 발견**』, 쌤앤파커스, 2011.

커트 스펠마이어, 정연희 옮김, 『**인문학의 즐거움**』, 휴먼앤북스, 2008.

크리스티안 마두스베르그, 미켈 B. 라스무센, 박수철 옮김, 『**우리는 무엇을 하는 회사인가**』, 타임비즈, 2014.

티머시 빅, 김기준 옮김, 『**워렌 버핏의 가치투자 전략**』, 비즈니스북스, 2005.

KBS 사회적 자본 제작팀, 『**사회적 자본**』, 문예춘추사, 2011.

Sawyer, R. K., 『**Explaining Creativity**』, Oxford University Press, 2011.

Slote, M., 『**From Morality to Virtue**』, Oxford University Press, 1992.

고전

공자, 『**논어**』, 『**중용**』

아리스토텔레스, 『**니코마코스 윤리학**』

애덤 스미스, 『**도덕감정론**』, 『**국부론**』

에드워드 핼릿 카, 『**역사란 무엇인가**』

임마누엘 칸트, 『**윤리형이상학 정초**』, 『**순수이성비판**』

플라톤, 『**국가**』

데이빗 흄, 『**인간 본성에 관한 논고 3권 : 도덕에 관하여**』

논문

Church, R. M. (1959) Emotional reactions of rats to the pain of others.
Journal of Comparative and Physiological Psychology, 52, 132-134.

de Waal,. F. (2008). Putting the Altruism Back into Altruism:
The Evolution of Empathy. Annu. Rev. Psychol. 59: 279-300.

Greene, J. D. (2001), An fMRI Investigation of Emotional Engagement
in Moral Judgment. Science 293, 2105-2108.

Jordan, Jennifer (2009). A social cognition framework
for examining moral awareness in managers and academics.
Journal of Business Ethics, 84(2), 237-258.

기술을 이기는 인문학의 힘

왜 일류의 기업들은
인문학에 주목하는가

초판 1쇄 인쇄 2015년 8월 18일
초판 4쇄 발행 2022년 11월 24일

지은이 모기룡
펴낸이 김선식

경영총괄 김은영
책임편집 임보윤 **책임마케터** 문서희
콘텐츠사업5팀장 박현미 **콘텐츠사업5팀** 차혜린, 마가림, 김현아, 이영진
편집관리팀 조세현, 백설희 **저작권팀** 한승빈, 김재원, 이슬
마케팅본부장 권장규 **마케팅4팀** 박태준, 문서희
미디어홍보본부장 정명찬 **홍보팀** 안지혜, 김민정, 오수미, 송현석
뉴미디어팀 허지호, 박지수, 임유나, 홍수경 **디자인파트** 김은지, 이소영
재무관리팀 하미선, 윤이경, 김재경, 안혜선, 이보람
인사총무팀 강미숙, 김혜진
제작관리팀 박상민, 최완규, 이지우, 김소영, 김진경, 양지환
물류관리팀 김형기, 김선진, 한유현, 민주홍, 전태환, 전태연, 양문현, 최창우
외부스태프 표지 · 본문 디자인 서영미

펴낸곳 다산북스 **출판등록** 2005년 12월 23일 제313-2005-00277호
주소 경기도 파주시 회동길 490 다산북스 파주사옥
전화 02-704-1724 **팩스** 02-703-2219 **이메일** dasanbooks@dasanbooks.com
홈페이지 www.dasan.group **블로그** blog.naver.com/dasan_books
종이 한솔피엔에스 **출력 · 제본** 갑우문화사

© 2015, 모기룡

ISBN 979-11-306-0608-8 (03320)

다산북스(DASANBOOKS)는 독자 여러분의 책에 관한 아이디어와 원고 투고를 기쁜 마음으로 기다리고 있습니다.
책 출간을 원하는 아이디어가 있으신 분은 이메일 dasanbooks@dasanbooks.com 또는 다산북스 홈페이지 '투고원고'란으로
간단한 개요와 취지, 연락처 등을 보내주세요. 머뭇거리지 말고 문을 두드리세요.